Schlichtenberger · Im Tal der schwarzen Wölfe

Werner Schlichtenberger

Im Tal der schwarzen Wölfe

Leben eines Steinzeitjägers

Artemis Verlag Zürich und München

Illustrationen von Werner Blaebst

Artemis Verlag Zürich und München
Printed in Germany
ISBN 3 7608 1023 3

Inhalt

Aufbruch

Nur schwach brannte das Feuer in der Hütte. Kalt war es und die Luft von Rauch durchzogen. Durch die abgestandenen Schwaden war kaum zu erkennen, daß da am Boden, nicht weit von der Feuermulde, unter einem Bündel Felle sich schwach eine weibliche Gestalt regte.

Isi lag gut zugedeckt; ihre Augen glänzten im Fieber.

Nur leise klangen ihre Worte durch den Raum: «Höre, Hano, du mußt gehen. Du mußt gehen, Hano. Bis heute haben dich die Geister noch verschont, weil du der Sohn des Medizinmannes bist. Aber sie werden dich nicht ewig schonen.»

Ihre Augen hielten den Blick des Angesprochenen, der vor ihrem Lager hockte, ganz fest.

«Fast der ganze Stamm ist tot. Die anderen sind schon weitergezogen, so schwach wie sie waren. Hano, versprich mir, daß du gehst, wenn ich nicht mehr bei dir weilen kann. Gehe immer der Sonne entgegen, wenn sie dich am Morgen begrüßt. Wenn du nicht aufgehalten wirst, mußt du siebenmal der Morgensonne entgegen gehen. Am achten Tag wirst du das Tal der schwarzen Wölfe erreichen. Sie werden dich nicht erkennen. Es sind schon zu viele Sommer durchs Land gezogen, und es war dunkel damals. Du siehst für sie nicht so fremd aus wie die übrigen deines Stammes. Sie werden dich aufnehmen.»

Isi konnte nur noch leise und stockend sprechen.

«Geh hin zu meinem Volk! Jeder Stamm braucht starke Jäger. Deine Narben am Körper erzählen von den vielen bestandenen Gefahren. Mein Volk wird diese Narben sehen. Ich habe dir die Sprache meiner Sippe beigebracht. Hano, du mußt diesen Ort verlassen, wenn meine Stimme verstummt ist.»

Hano sah, wie ihr Körper zitterte. Sie sprach nicht mehr. Er verließ schnell die Hütte, um in den leeren Behausungen seiner Stammesgenossen noch nach weiteren Fellen zu suchen, die Isis fiebergeschwächten Körper wärmen sollten.

Als er wieder zurückkam, regte Isi sich nicht mehr. Starr blickten ihre Augen ins Leere. Er hielt lange ihre Hand, die nicht mehr warm wurde.

Die ganze Nacht verbrachte er neben der Toten. Ein paar Mal legte er Holz nach, um das Feuer nicht ausgehen zu lassen. Aber sie wurde nicht mehr warm ... Nur in der Erde, die die Farbe ihres Blutes hatte, und an der Wärme der Feuerstelle war ihr Körper noch gut aufgehoben.

Er bettete Isi in ihren schönsten Fellen und mit all ihren Muschelketten an die noch warme Feuerstelle und bedeckte sie mit der rötlichen Erde. Dieser Herd war erloschen.

Ich bin Hano, der große Jäger, Hano, der Sohn des Medizinmannes. Mein Stamm ist zu neuen Jagdgründen aufgebrochen. Isi ist in der Erde. Es gibt niemand mehr, der den Herd für mich warm hält, der mein Lager bewacht. Jetzt bin ich Hano, der einsame Jäger, und muß das Tal der schwarzen Wölfe aufsuchen, wo Isis Volk lebt. Stets habe ich den klügsten Rat gewußt. Mein Arm ist der stärkste beim Jagen, doch jetzt bin ich allein auf mich und meine Klugheit gestellt. Meine Waffen sind allen Tieren dieses Landes gefährlich. Ich werde den Gefahren entgegengehen. Es gilt, beim neuen Stamm im Tal der schwarzen Wölfe als Jäger aufgenommen zu werden. Mein Vater hat mich die Geheimnisse des Wetters und der Pflanzen gelehrt. Ich bin ein Stück Leben, hervorgebracht von der Erde, die nun Isi zu sich geholt hat.

Es gab viel Leben in den kalten Ebenen und rauhen Bergen: Mammuts, Wisentherden, Höhlenbären, Elche und Wölfe.

Schwarze Wölfe. Isis Stamm. Sieben Tage muß ich der aufgehenden Sonne folgen. Und dann mich den Leuten einer fremden Rasse anschließen. Nur in der Gruppe können die großen Tiere gejagt werden, die die Wintervorräte liefern. Mit anderen zusammen bin ich immer stärker als ein einsamer Jäger.

Aber es wird nicht ungefährlich sein, zu diesem Stamm im Tal der schwarzen Wölfe vorzustoßen! Wenn sie erfahren, wer ich bin, werde ich wie ein Tier erlegt. Schließlich war ich ja dabei, als unser Stamm Isis Volk überfiel und als wir Isi weggeschleppt haben. Aber sind nicht seit der damaligen Nacht genug Sommer und Winter vergangen?

Der Hunger jagte uns, weil die großen Herden ausgeblieben waren. Neues Jagdglück brauchten wir. Doch überall waren schon diese neuen Stämme. So haben wir den Überfall ausgedacht. Auf meinen Rat hin sind wir im Dunkeln über die Siedlung hergefallen, damit wir nicht so leicht erkannt werden konnten. Aber in der Mitte des Lagers hat noch ein Feuer gebrannt. Sollte dieses Feuer heute noch meinen Kopf verraten? Isi hat oft festgestellt, daß er gar nicht so fremdartig aussieht, daß ich leicht für einen Angehörigen ihres Stammes gehalten werden könnte. Deshalb hatte Isi schon bald Gefallen an mir gefunden, ist bei mir geblieben und hat mir sogar ihre Sprache beigebracht.

Isi sollte neues Blut bringen. Junge Frauen werden ja öfter von anderen Stämmen geholt. Oft hat sie mich empfangen, aber das Glück, Kinder in die Welt zu setzen, ist ausgeblieben. Die bösen Geister müssen wohl verhindert haben, daß sie Kinder bekam. Die schlechten Kräfte der Erde haben den ganzen Stamm verflucht und immer mehr von ihnen zu sich genommen. Mein Vater hat sie nicht verscheuchen können, auch wenn wir zusammen viele Bannzauber um unser Lager gemacht, Steine, Knochen und Kräuter in magische Kreise gelegt haben.

Mein bestes Fell, meinen stärksten Bogen, den mit der Mammutsehne, und meine spitzesten Pfeile habe ich vergraben, damit keiner der bösen Geister, die meinen Stamm verfolgen, sie befallen kann. Die Federn von Eulen und Adlern, die ich mir gesammelt habe, werden meinen Schritt beflügeln. Ich muß meinen Weg gehen. Isi ruht still und kalt in der Erde. Ich muß der Sonne entgegen!

Hano erhob sich, sammelte ein paar Schaber zum Säubern frischer Felle und zog einige frisch erbeutete Kleintierfelle für ein wärmendes Nachtlager auf eine Lederleine. Mehr nahm er nicht mit.

Im ersten, schwach wärmenden Sonnenstrahl machte er sich auf den Weg zu seinem Versteck. Sein altes Fell zog er hinter sich her; es sollte seine Spuren verwischen. Auf einem Stein verbrannte er schließlich sein letztes Kleidungsstück, das noch den Geruch seiner Hütte und seines Stamms trug.

Schnell hatte er aus seinem Versteck das Wolfsfell, den Köcher mit den Pfeilen und seinen gewaltigen Bogen ausgegraben. Diesen Bogen mit seiner besonderen Durchschlagskraft, das wußte Hano, konnte nur er spannen. Zuletzt nahm er die Lanze, auf der eine sorgfältig geschärfte und harte Steinspitze befestigt war. Ans neue Fell heftete er sich mit einem Knochensplitter die Lederleine, an der die kleinen Pelze baumelten.

Ich muß ein völlig neues Leben beginnen.

Im Augenblick zählt für mich nur eines: die Geister zu täuschen. Sie dürfen mich nicht verfolgen. Keine Spuren hinterlassen. Ich muß so weit wie möglich unerkennbar eine Strecke zwischen mich und das alte Lager bringen. Ich darf meinem Jagdtrieb nicht nachgeben, wenn ich in greifbarer Nähe Wild wittere. Einfach nicht daran denken, ja, ich werde es nicht einmal eines Späherblickes würdigen. Klug sein. Heute abend, wenn ich die Sonne nicht mehr sehen kann, muß ich die Geister abgeschüttelt haben.

Der Weg war lang, besonders da Hano den ganzen Tag nichts Stärkendes zu sich nehmen durfte. Deshalb wälzte er sich nach seinem Tagesmarsch dankbar im Farn und in der Erde seines ersten Nachtlagers und steckte seine bloßen Füße tief in ein trockenes Stück Boden, um neue Kräfte und neues Leben aufzunehmen.

Toore

Es war ihm nicht leicht gefallen, den ganzen Tag über nichts zu jagen. Hano war ein leidenschaftlicher Jäger, der bei der schwächsten Spur von Wild in fiebrige Erregung verfiel. Doch jetzt war er der Sohn des Medizinmannes, der einsame Wanderer, der auch Toore gewesen war.

Toore ist gekommen, als ich noch vor der Behausung meines Vaters mit Knochen spielte. Toore hat mich zum Jäger gemacht.

Wenn es nach meinem Vater gegangen wäre, hätte ich nie Jäger werden sollen. Er hat mich von klein auf in die Geheimnisse der Heilkraft von Kräutern und Wurzeln eingeführt. Immer wieder hat er gesagt, daß der Medizinmann das beste Leben im Stamm führe. Ein Medizinmann brauche sich niemals Sorgen zu machen, was er morgen essen wird. Jeder Stamm versorge seinen Medizinmann mit dem Besten vom Besten. Vielleicht wäre ich auch Medizinmann geworden – ja, wenn nicht Toore aufgetaucht wäre.

Toore war klug und listig zugleich. Toore wußte so viel über die Tiere und erzählte oft gar unglaubliche Geschichten. So auch von einem Bär in seiner Heimat, der auf dem Land und im Wasser lebte und ein Fell hatte so weiß wie der Schnee.

Toore war im kalten, kahlen Norden daheim. Schon sein Aussehen war ganz anders. Sein Kopfhaar war so hell wie der feine Sand am Fluß. Er war hochgewachsen, ein guter Läufer in der Tundra, oben in den kalten Regionen.

Hanos Vater hatte sich viel mit Toore beraten, und so wurde der helle Jäger auch Hanos Freund. Oft, sogar sehr oft, hatte er mit Toore zusammen gejagt, und Toore war immer der bessere Jäger gewesen. Aber Hano hatte viel gelernt. Heute war er selber einer der ganz großen Jäger.

Toore hatte auch gewußt, wie man mit den Wölfen jagt. Das

hatte Hano am Anfang überhaupt nicht verstanden. Für Hano war es das natürlichste gewesen, einen Wolf zu töten, wo immer ihm einer über den Weg lief. Denn der Wolf war ein Fleischfresser, ein Jäger wie Hano und seine Stammesgenossen, der ihnen die Beute wegschnappte.

Aber Toore, dieser Toore dachte ganz anders darüber. Er sagte immer in seiner spitzen Sprechweise: «Das Wolfsrudel können wir uns nützlich machen, wenn wir nicht mit der ganzen Sippe jagen. Wir dürfen bloß dem Wolf nicht alles Jagdbare nehmen. Auch er muß bei der Zusammenarbeit mit dem Zweifüßler seinen Vorteil haben.»

Hano hatte sich alles mit größter Aufmerksamkeit eingeprägt. Jetzt noch konnte er es sich bis ins kleinste vor Augen führen:

Früh am Morgen brachen wir auf und erspähten bald in einer Senke einige äsende Rentiere. Die waren ja am häufigsten anzutreffen. Die Tiere haben uns zwar bemerkt, sind aber nicht geflohen, weil wir noch viel zu weit weg waren, um eine Gefahr zu bedeuten. Aus solcher Entfernung war nie ein guter Schuß zu wagen. Er hätte ja nicht ins Leben getroffen, das Wild wäre nur verletzt worden. Mühsam hätten wir es verfolgen müssen.

Anders dagegen Toore. Er legte schnell einen Pfeil auf und spannte den Bogen. Nur kurz zielte er die Beute an, dann ließ er die Sehne los, und der Pfeil schoß davon.

Er traf. Die unverletzten Tiere stoben auseinander. Das mit dem Pfeil in der Brust schlug sich allein ins Gebüsch. Ich wollte dem Ren natürlich sofort nachsetzen, meine Beine wollten es nicht anders, aber Toore hielt mich zurück.

«Warum willst du dich müde laufen?» meinte er. «Die Wölfe werden es für dich tun. Du brauchst ihnen nur zu folgen, dann kannst du dir deinen Anteil nehmen. Den Rest aber, den mußt du ihnen überlassen, denn so hat jeder etwas davon. Wenn du mit den Wölfen zusammen jagst und sie wissen, daß du ihnen nichts Böses willst, so werden sie dich schnell anerkennen und dir überallhin folgen. Du wirst sie oft gar nicht sehen, weil sie immer einen gewissen Abstand halten. Aber sie sind da, glaub es mir.»

Also folgten wir ohne Eile dem verletzten Ren. Wir waren noch nicht weit gegangen, da mußte ich schon vor lauter Staunen stehenbleiben. Es war tatsächlich so, wie Toore es vorausgesagt hatte. Die Wölfe hatten das verletzte Tier schon gerissen. Als sie uns kommen sahen, zogen sie sich schnell zurück.

Toore trennte sich ein großes Stück Fleisch aus der Keule, und ich holte mir auch meinen Teil.

Dann zogen wir uns von dem gerissenen Rentier zurück in den Schutz einer Weidengruppe, um zu beobachten, was auf dem verlassenen Schauplatz geschehen würde. Und sieh einer an, da fanden sich die Wölfe bald wieder zum Fressen ein.

«Siehst du», meinte Toore, «so einfach ist es, wenn du die Wölfe als deine Jagdgefährten betrachtest und nicht als deine Feinde. So wirst du immer ohne viel Mühe genügend Fleisch für dich haben. Die meiste Arbeit nehmen dir die Wölfe ab. Du mußt nur einen Pfeil anbringen, dann ist die halbe Arbeit schon getan. Es ist immer besser, im Rudel zu jagen. Vergiß das nie!»

Toore war eben der größte Jäger. Viele Sommer und Winter haben wir zusammen gejagt, und ich habe gelernt, mir immer stärkere Bogen aus dem Eschenholz zu schälen, Bogen, die jedes Mal weiter trafen.

Allein

Ganz deutlich erlebte Hano die Jagdszenen mit Toore. Doch auf einmal war sein Lehrer weg, und ihm war kühl. Die Farnblätter um ihn konnte er nur ganz schwach erkennen, denn es war die Zeit der größten Kälte, kurz bevor die Sonne den Himmel erklomm. Ganz in der Nähe krächzten Raben. Hano rieb sich die Augen.

Toore ist wirklich schon lange Zeit weg. Viele Tage habe ich damals gesucht, aber keine Spur entdeckt. Vielleicht ist Toore im Fluß verschwunden. Er war oft am Wasser. Oder der einsame Jäger war wieder weitergezogen. Hat Toore vielleicht auch eine Frau gehabt, die gestorben ist, so daß er als einsamer Jäger durch die Lande ziehen mußte? Toore hat nie etwas von dieser Zeit erzählt. Jetzt bin *ich* der einsame Jäger, und der Hunger in mir wird immer gieriger.

Geräuschlos drehte Hano sich herum und suchte nach seinem Bogen. Dann wartete er auf das nächste Krächzen der Raben. Die Vögel hockten nur zwei große Büsche weiter in den obersten Zweigen, ihre Umrisse zeichneten sich schwach gegen den verblassenden Nachthimmel ab.

Hano mußte seine klammen Finger erst einige Male krümmen und strecken, bis er mit der nötigen Festigkeit die Sehne des Bogens anziehen konnte. Für diese Entfernung brauchte er aber nicht ganz zu spannen.

Als sein Pfeil von der Sehne geschnellt war, stoben die Raben auseinander. Doch ein harter Aufschlag sagte ihm, daß er den angepeilten Vogel gut getroffen hatte. Das helle Rohr des Pfeils zeigte ihm, wo die Beute niedergefallen war. Der Rabe, der schon nicht mehr zuckte, lag genau auf einem Stein.

Isi hat mir erzählt, es gibt Stämme, die den Raben als großen Zauberer ansehen und lieber Hungers sterben, als einen dieser Vögel zu verzehren. Der schwarze Vogel hier aber hat sich genau auf den Stein fallenlassen, sich mir geradezu angeboten. Mein Pfeil ist ihm genau durch die Brust gedrungen. Da steckt sicher kein böser Zauber dahinter. Außerdem ist mein heiliges Tier der Adler, der stärkste Jäger der Lüfte.

Hier sind sicher auch ein paar Kräuter zu finden, deren Duft die Geister besänftigen wird. Aber erst muß ich Feuer machen.

Unter seiner Lagerstatt war genügend trockenes Reisig, in das er die Funken aus seinen Feuersteinen schlagen ließ und dazu so lange blies, bis die ersten Flämmchen sich zeigten. Bald hatte er ein Feuer, das er nicht mehr dauernd schüren mußte, und konnte sich über den Raben hermachen. Das Rupfen erledigte er schnell, weil der Hunger sehr stark war. Dann schlitzte er den Vogel mit seinem Steinmesser auf. Er holte die Eingeweide heraus und spießte die Beute auf einen Stecken, den er schräg über das Feuer in den noch halb gefrorenen Boden rammte.

Er konnte sich auf die Suche nach den Kräutern machen. Dazu ging er auf eine freie Anhöhe, um bei dieser Gelegenheit auch gleich nach Feinden Ausschau zu halten. Seine Beigaben hatte er bald gefunden, dazu auch noch ein paar Baumpilze, die er dem bratenden Tier in die Bauchhöhle schob, nachdem er es einmal gedreht hatte.

Das Fleisch war noch lange nicht gar, als er auch schon darüber herfiel. Gierig schlang er die wenigen Fleischfasern, die so ein Vogel an sich hat, herunter. Jeder Knochen wurde klein gebissen und zerkaut, aber die Mahlzeit wurde deshalb nicht üppiger. Fürs erste hatte er jedenfalls etwas im Magen und konnte seinen Weg fortsetzen.

Die Sonne war noch nicht über die Hügel vor ihm gekrochen, als er ihr schon entgegenging. Sechsmal mußte das wärmende Himmelslicht noch aufgehen, dann würde er wohl das Tal der schwarzen Wölfe erreicht haben.

Wie oft hat Isi von diesem Tal gesprochen. In jedem Winter soll sich dorthin ein Wolfsrudel zurückziehen, das nicht von gewöhnlicher Art ist. Die Wölfe seien fast gänzlich schwarz, hat Isi immer wieder behauptet. Beim ersten warmen Südwind würden sie das Tal wieder verlassen, aber regelmäßig in der Frostzeit wiederkommen.

Deshalb wird es das Tal der schwarzen Wölfe genannt. Isis Stamm jagte sie nicht, im Gegenteil, im Winter legten sie ihnen sogar Nahrung zurecht, damit Friede zwischen ihnen herrsche. Ich hab' ja von Toore schon gelernt, mit den Wölfen zu jagen. Aber schwarze Wölfe hab' ich noch nie gesehen. Hat nicht Toore auch was erzählt von weißen Bären? Jeder Landstrich hat seine eigenen Lebensumstände, und woanders gibt es sicher viele Dinge, die ich noch nicht kenne. Ich muß auf der Hut sein!

An diesem Tag mußte Hano viel steigen. Je höher er kam, desto kühler und wolkiger wurde es. An den steinigen Hängen wuchsen nur noch Beerensträucher, die noch nicht zu blühen angefangen hatten. Als es zu regnen begann, sammelte Hano noch schnell trokkenes Reisig und stopfte es unter sein Fell.

Die Sicht wurde schlechter. Von einem Kamm aus konnte er gerade noch einen Bergrücken erkennen, der genau in seiner Richtung verlief. Da die Sonne heute keine Orientierungsmöglichkeit mehr bot, mußte er sich einen möglichst weit entfernten Punkt suchen und sich dann sehr scharf an seine Marschlinie halten. Bis zu dem langen Tal der schwarzen Wölfe – von dem Isi immer wieder mit Sehnsucht erzählt hatte, es sei das schönste Land, das ihre Augen je erblickt hätten – müßte er noch viele Berge, Ebenen und Täler überqueren, bis er dann zu dem Fluß kam, der von Mittag her das gesuchte Tal begrenzte und den einfachsten Zugang bot. Der Weg über die dortigen Berge würde sicher kaum möglich sein nach dem, was er noch in Erinnerung hatte. Aber es war damals ja finster gewesen, als sie Isis Stamm überfallen hatten.

Wie soll ich mich aber verhalten, wenn das Tal erreicht ist? Erst einmal muß ich mir das Gelände bei Tageslicht anschauen. Soll ich gleich eindringen oder mich draußen überraschen lassen? Ich muß es einfach darauf ankommen lassen. Nur keine Furcht! Wenn es sein muß, kann ich kämpfen. Es ist nicht bei allen Stämmen Brauch und Sitte, einen fremden einsamen Jäger erst einmal friedlich anzuhören. Sicher leben auch noch einige Jäger, die den Überfall miterlebt haben. Wenn jemand vom Tal der schwarzen Wölfe mein Gesicht oder die lange Narbe am linken Unterarm wiedererkennt, so ist mein Leben nicht mehr viel wert. Aber mein altes Leben habe ich abgelegt wie der Hirsch sein Geweih im Winter. Trotzdem, die anderen könnten ja nachgeforscht haben.

Abermals hatte den tropfnassen Jäger die Nacht eingeholt. Heute war ihm nicht viel Wild aufgefallen, es konnte aber sein, daß er nicht so darauf geachtet hatte, weil er vorwärtskommen wollte. Unterwegs hatte er sich von Pilzen und Vogeleiern ernährt, doch bald brauchte er wieder Fleisch, damit er seine Kraft behielt.

Wie hat doch Toore einmal gesagt? Die Art, der sie angehörten, diese Art war viel schlimmer als die Tiere. «Schau», hat er gesagt, «sieh den Wolf an; er jagt nur, wenn er Hunger hat. Wir aber, unsere Art, die auf zwei Füßen geht, jagt und tötet sehr oft nur aus Lust und nicht immer, um am Leben zu bleiben. Und immer mehr werden es, die auf zwei Füßen gehen, und immer mehr werden sie jagen. Am Ende wird es kaum noch jagdbares Wild geben, und der Hunger wird durch das Land ziehen. Unsere Rasse aber wird sich, um den Hunger zu stillen, selbst umbringen.»

Toore hat viele Dinge gewußt, über die ich mir noch keine Gedanken gemacht habe. Toore ist einfach der beste Lehrmeister gewesen, er hat Zusammenhänge erkannt, von denen ich keine Vorstellung hatte. Sicher hätte ich noch mehr lernen können, aber Toore hat uns verlassen.

Nachdenklich suchte Hano sich einen Unterschlupf. Er horchte immer wieder auf Geräusche um ihn herum, denn die Gegend hier war Neuland für ihn. So weit nach Sonnenaufgang war er bei der Jagd noch nie vorgedrungen.

Jeder Stamm hatte einen Einflußkreis um sein Lager. Diese Kreise waren so bemessen, daß meist an einem Tag das Lager wieder zu erreichen war. So groß waren die Jagdgründe, und sollte eine andere Gemeinschaft es wagen, in diesen Kreis einzudringen, würde sie unter allen Umständen vertrieben werden. Das war das Gesetz des Lebens.

Hano drückte sich unter den herabhängenden untersten Ästen einer Fichte dicht an den Stamm, weil es hier in der windigen Höhe noch am wärmsten und trockensten war.

Kürzer als üblich war sein Traumwandel, denn vor Tagesanbruch war er auf einmal hellwach. Er vernahm urige Laute.

Diese Töne kenn' ich doch. Die brummige Stimme muß einem Bären gehören, der sich Respekt verschaffen will. Was ihn in Zorn versetzt, sind sicher Wölfe, nur die knurren und hecheln so. Die grauen Jäger haben wohl Beute gemacht, und der brummende Einzelgänger ist sicher erst dazugestoßen. Ein uraltes Spiel. Ein Bär ist natürlich viel stärker als ein Wolf, und so beansprucht er die Beute für sich. Aber die Wölfe würden sich nicht so ohne weiteres vertreiben lassen und immer wieder den Bären stören. Immer wenn der Bär anfing zu fressen, würde es einer der Wölfe wagen, den Bär von hinten anzugreifen. Schnell würde einer der Wölfe zubeißen, um sich gleich darauf wieder zurückzuziehen. Der Bär aber würde voller Wut herumfahren, brüllen und mit seiner Tatze nach dem Wolf schlagen. Dieser würde dann aber schon nicht mehr erreichbar sein. Und so konnten die Wölfe dieses Spiel weitertreiben – so lange, bis der Bär gereizt und nur halb gesättigt den Kadaver verlassen würde. Die Wölfe hätten dann ihr Ziel erreicht und den gar mächtigen Gegner in die Flucht gejagt. Die Beute würde ihnen gehören.

Das ist eben die Stärke eines Rudels. Richtig beobachten, was in der Natur vorgeht, von ihr können wir Zweifüßler einiges lernen. Dann brauchen wir keine Angst zu haben. Wir kennen uns aus. Vor den Tieren fürchte ich mich nicht, o nein, aber vor den Geistern und Krankheiten, die meinen Stamm heimgesucht und geschwächt haben ... Doch jetzt können sie mich nicht mehr verfolgen. Schon wird es hell, keine Wolken mehr am Himmel.

Ich schau' mal nach dem Kadaver, um den sich die Vierbeiner vorhin gestritten haben.

Als Hano zu der Stelle kam, von woher er die Geräusche gehört hatte, waren zwei Füchse dabei, die letzten Reste von den Knochen zu reißen. Als die Rutenträger ihn kommen sahen, schnürten sie davon. In einiger Entfernung machten sie halt. Sie schauten voller Mißtrauen zu dem Jäger hinüber, der den Kadaver untersuchte. Der wollte aber nichts mehr von der Beute, er wollte nur die Bestätigung, daß er in der Nacht richtig gehört hatte.

Hano sah sich genau um. An einer von Krallen aufgewühlten Stelle flogen in der Morgenbrise einige dunkelbraune Fellfetzen herum. Hano bückte sich, um den Boden zu betrachten.

Hier ist der Eindruck einer breiten Tatze zu sehen. Da hat sich der große Bruder aus dem Staub gemacht. Es hat sich alles genau so abgespielt, wie ich vermutet habe.

Die Sonne treibt mich weiter. Noch ein paarmal ihr folgen, dann bin ich im Revier des Stammes, aus dem meine Isi kommt. Aber in den Tälern da vorn kann vielleicht noch ein anderer Stamm seine Jagdgründe haben. Bis jetzt allerdings bin ich auf keine Spur gestoßen, die darauf schließen läßt, daß meinesgleichen in der Nähe ist.

Hano ging seinen Weg weiter. Es war mühsam, die eisigen Felsklüfte hier zu überwinden, aber dabei nahm er sich einige wertvolle Steine für neue Werkzeuge und Pfeilspitzen mit, die er sich bei Gelegenheit zurechthauen wollte. Selten gab es so harte Steine zu finden. Nach geraumer Zeit erreichte er einen kleinen Bach.

Endlich frisches Wasser. Lebensspender aller Dinge, so hat Toore dieses Naß genannt, wichtiger noch als alles Fleisch. Ja, Durst ist schlimm, viel schlimmer als Hunger. Toore hatte eben für alles einen eigenen Begriff, der die Dinge anders erscheinen ließ, als sie auf den ersten Blick aussahen. Der kannte sich eben aus.

Hano legte sich auf den Bauch und schlürfte gierig aus dem Wasserlauf. Nachdem er reichlich getrunken hatte, wanderte er weiter am Bach entlang. Er folgte genau dem Lauf des Gewässers, das bald ruhiger und ebener dahinfloß. Plötzlich sah er einen mächtigen Fisch in der Mitte des Wassers stehen, fast bewegungslos. Er brauchte nur die Lanze zu heben, kurz zu zielen und zuzustoßen. Er hatte gut getroffen. Schnell zog er die Lanze, an der der Fisch zappelte, aus dem Wasser. Ein prächtiger Bursche war es, und er würde ein hervorragendes Mahl abgeben.

Mit noch ein paar solchen Fischen, die er räuchern konnte, würde er sich für die nächsten Tage ausreichend versorgen können. Deshalb schritt er weiter am Bachlauf entlang und konzentrierte seine Aufmerksamkeit auf das Wasser.

An einer Engstelle zwischen zwei von Büschen gesäumten Felsblöcken mußte Hano in die festen Zweige greifen und sich von der Sohle des Wasserlaufs hochziehen. Da sah er in den Zweigenden lange Haare im Sonnenlicht leuchten. Sie waren unscheinbar braun, aber recht lang, und mußten abgerissen worden sein, als

jemand bei den Felsblöcken über den Bach setzte. Hano besah sich genauer, was da in den Zweigen hing. Seine Züge verrieten Überraschung. Das konnte nur einer seiner Rasse gewesen sein, ein Zweifüßler.

Vorsichtig schaute er gleich nach allen Seiten, aber im Augenblick konnte er keine Gefahr erkennen. Und doch, irgend etwas in ihm sagte: Sei vorsichtig! Er war eingedrungen in den Kreis eines Stammes.

Er verließ die Senke, in der sprudelnd der Bach floß, und suchte sich einen von einem Baum beschatteten Aussichtsfelsen. Seine Augen verengten sich plötzlich.

Ja, ist denn so was möglich? Wo hab' ich denn meine Augen gehabt? Wie hab' ich daran vorbeilaufen können? Geh' ich doch tatsächlich ahnungslos an einer Feuerstelle vorbei, die nicht mal einen Steinwurf weit weg ist! Die kann nur von meinesgleichen stammen.

Schnell hatte Hano den Ort untersucht. Es gab keinen Zweifel, an einigen herumliegenden Knochenresten, die von herumstreifenden Tieren noch nicht gänzlich abgenagt waren, konnte er ersehen, das vor höchstens zwei Tagen hier Feuer gemacht worden war. Die Asche konnte höchstens zweimal Nachtfrost gespürt haben, denn sie war noch nicht vollkommen durchgeweicht. So, wie das Gras niedergetrampelt war, mußten hier wohl drei Jäger gelagert haben. Im Umkreis eines Tages mußte hier ein Stamm sein Lager haben. Isis Stamm konnte es nicht sein. Aber ganz sicher war er sich da nicht, denn kein Stamm blieb ewig an seinem Platz; das hing von dem Wildbestand und den Wetterverhältnissen ab.

Jetzt gilt es, die Augen offenzuhalten. Jeden Moment kann ich auf fremde Jäger stoßen. Ob wir uns friedlich verständigen können? Einem Einzelgänger können sie nichts Böses wollen. Aber ich muß wachsam bleiben. Wenn ich mich mit den Fremden vertragen kann, muß ich auf jeden Fall versuchen, sie über den Stamm der schwarzen Wölfe auszuhorchen. Sie müssen ihn kennen. Es ist sicher gut, schon im voraus etwas über den Schwarze-Wölfe-Stamm zu erfahren, denn je mehr ich weiß, desto klüger kann ich vorgehen. Meinen Fisch kann ich auf jeden Fall jetzt nicht zubereiten, denn dafür brauche ich gut rauchendes Holz, das mich verraten würde.

Hano wanderte den Bachlauf entlang, aber nicht mehr direkt am Ufer, sondern etwas erhöht, um Ausschau halten zu können. Das Wasser floß dahin, wo die Sonne aufgegangen war, also in die Richtung, in die er auch gehen mußte.

Je weiter er dem Bach folgte, desto breiter wurde dieser. An manchen Stellen wurde es sumpfig, die Ufer des Baches waren mehr und mehr von Weiden und Erlen bewachsen. Das niedere dunkle Grün der oberen Bergregionen war dem helleren Ton der noch aufsprießenden Blätter gewichen. Mitunter hatte Hano große Mühe, vorwärts zu kommen. Die Füße sanken im Boden ein, und das Unterholz wurde immer dichter. An manchen Stellen speiste der Bach auch kleinere Seen.

Plötzlich blieb Hano stehen. Nicht weit von ihm im Unterholz stand ein riesiger Elchbulle bis zum Bauch im Wasser. Schon hatte er einen Pfeil aufgelegt und den Bogen erhoben.

Halt! Warum soll ich dieses Tier schießen? Was soll ich mit solch einer Menge Fleisch anfangen? Ja, wenn Isi noch lebte und meine Leute noch da wären, o ja, dann hätte ich den Pfeil losgeschickt. Die Entfernung ist gerade richtig, und ich habe meinen Eschenbogen, den stärksten, den ich je hatte. Ich habe aber niemand mehr, dem ich jubelnd von der Beute berichten kann.

So ließ Hano den Bogen wieder sinken, steckte den Pfeil in den Köcher zurück. Immer noch stand der Elch da; er hatte den Jäger nicht bemerkt.

Ein, zwei Schritte brauchte Hano nur zu gehen, da hatte der Elch die Bewegung wahrgenommen. Mit gewaltigen, durch das Wasser etwas gehemmten Sätzen stürmte er am Uferrand davon. Sein gewaltiges Schaufelgeweih, das an einer Stelle deutlich abgeschürft war, riß die jungen Weidenäste peitschend mit sich. Weit vor Hano verließ er das Ufer und verschwand mit schwankendem Geweih im Unterholz. Lange noch rauschte es von der Flucht des großen Tieres.

Hano mußte lachen. Das Tier weiß nicht, daß ich es gar nicht erlegen will. Stürmt in blinder Angst davon. Es kann ja einmal die Zeit kommen, da stehe ich dem Elch wieder gegenüber, und dann brauche ich die Nahrung vielleicht nötiger als im Augenblick.

Er war sicher, ganz im Sinne Toores gehandelt zu haben.

Schon lange stand die Sonne im Abend und verschwand dann für die Nacht hinter dem Bergrücken, den er heute überwunden hatte. Hano verließ den feuchten Grund; er wollte wenigstens die Nacht trocken verbringen.

Zu viert

Er war schon vom Bach abgebogen, als er plötzlich Rauch in seiner Nase verspürte.

Hano pirschte geschmeidig wie ein Marder auf nächtlicher Jagd weiter. Wo ein Feuer brennt, können nur Zweifüßler in der Nähe sein, und denen mußte er mit Vorsicht begegnen.

Aber er war wohl nicht vorsichtig genug gewesen oder hatte das fremde Feuer zu spät geschmeckt. Er war mit dem Wind gegangen, und der Rauch war nicht direkt auf ihn zugetrieben.

Mitten aus dem Gebüsch tauchte auch schon eine Gestalt auf, den gespannten Bogen auf ihn gerichtet. Hano war sofort versucht, seine Lanze auf diesen fremden Jäger zu schleudern, aber eine innere Stimme warnte ihn. «Überlege, was du tust», sagte diese Stimme, «er braucht nicht alleine zu sein, und was ist dann?»

Also ließ er Bogen und Lanze zu Boden fallen. Dann hob er langsam die Arme empor und zeigte seine Hände; sie waren leer.

Der fremde Jäger, dem dichte Haarfransen ins Gesicht hingen, zog die Lippen auseinander und entblößte die Zähne. Ein befriedigtes Glucksen war von ihm zu hören. Er senkte ebenfalls seinen Bogen, gab ihn aber nicht aus der Hand. Die Augen des Fremden, zwischen denen sich eine sehr breite Nase erhob, blickten mit überlegenem Grinsen auf den Ertappten.

Hanos innere Stimme hatte recht behalten, denn genau hinter sich hörte er ein Geräusch. Langsam drehte er seinen Kopf nach rechts zur Seite und mußte feststellen, daß da tatsächlich noch ein anderer Jäger stand, keine drei Schritte hinter ihm, wie aus dem Dickicht gewachsen. Der zweite war von schlankerem Körperbau und hatte tiefdunkle Augen. Er hielt noch den Bogen auf Hano gerichtet.

Hano riskierte einen Blick nach links, und auch dort bot sich das

gleiche Bild. Das mußten die drei Jäger sein, deren Lagerplatz er entdeckt hatte. Jetzt war er ihnen ausgeliefert. Was hatten diese drei vor?

Er war gerade dabei, nach einem freundlichen Begrüßungswort zu suchen, da fragte auch schon der Breitnasige: «Woher kommst du, Fremder, und wohin willst du?» Hano merkte sofort, daß es seine Sprache war. Hoffnung leuchtete in seinen Augen auf.

Zur Antwort deutete er einfach mit der linken Hand zum Sonnenuntergang. Der Frager mußte wieder lachen. «Wärst du von dort gekommen, hättest du durch unser Lager gehen müssen. Du sprichst nicht die Wahrheit.»

Hano wollte etwas darauf erwidern, doch der Schlanke, der direkt vor ihn getreten war, schnitt ihm das Wort ab: «Du magst uns verbergen, wo du herkommst. Aber denke daran, wir können dich wie ein Ren als unsere Beute betrachten, wenn du uns Böses willst. Sag uns, wohin dein Weg führt!»

Diesmal zog es Hano vor, die Wahrheit zu sagen. Er zeigte mit der rechten Hand nach Sonnenaufgang: «Dahin.»

«Hast du ein Ziel?» fragte der andere weiter. Hano schüttelte den Kopf.

«Wie lange bist du schon unterwegs? Wo ist dein Stamm?» Hano wollte nicht an den so unseligen Ort seiner Herkunft erinnert werden. Er zögerte mit einer klaren Antwort: «Ich weiß nicht... Vielleicht seit acht Sonnen.» Diesmal war er nicht ganz davon überzeugt, daß die drei ihm glaubten.

Nach kurzem Schweigen gab ihm der Schlanke neben ihm einen Wink, er solle mitkommen. Sie führten Hano zu ihrem Feuer.

Was für ein köstlicher Anblick! Über der leuchtenden Glut hing ein junges Wildschwein, das knusprig braun gebraten war und nur darauf zu warten schien, daß es verzehrt werde. Hanos Lanze wurde fest in eine Baumgabelung gestoßen, sein Bogen über einen Ast gehängt. Dann durfte er sich ans Feuer setzen. Er ließ sich nicht zweimal einladen. Dem alles beherrschenden Geruch des brutzelnden Schweinefleisches konnte er nicht widerstehen. Die Einladung zum Essen war auch das sichere Zeichen, daß er friedlich aufgenommen war.

Tüchtig hatte er gegessen, und sein Argwohn gegen die Fremden war auch schon halb verdaut. Langsam kamen sie ins Gespräch. Hano wußte aber, daß noch Vorsicht angebracht war. Er mußte sich wie Toore als einsamer Jäger ausgeben, der froh war über das Zusammentreffen mit Artgenossen.

In der Hauptsache waren es zwei, die ihn befragten. Der dritte im Bunde war der jüngste, der den beiden Gefährten immer nur beim Reden zuschaute und dazu manchmal unverständliche Laute ausstieß. Sein Geist schien sich nicht klar ausdrücken zu können.

Also erzählte Hano, während es schon zu dämmern begann, ihnen von einem Streit mit seinem Stamm. Er habe wegen einer Frau einen Jäger erschlagen; dieser Jäger habe noch fünf Brüder, die nun Jagd auf ihn machten. Er sei geflohen und würde sicher verfolgt werden. Deshalb wollte er weiter nach Sonnenaufgang.

Hano war zufrieden mit seiner Geschichte. Sie ist richtig angekommen, denn sie lassen mich mit ihren Fragen in Ruhe. Der längste der drei, der jetzt von ihrer Jagd erzählt, ist offenbar ihr Anführer. Das sind keine mißtrauischen und wilden Menschen, sondern einfache, ehrliche Jäger aus der Nachbarschaft.

Am anderen Morgen waren sie schon mit dem ersten Grau des Tages wieder auf den Beinen. Das Feuer wurde neu entfacht. Es brannte hell und wärmte. Wärme, das war es; die Nächte waren kühl, doch dieses Feuer spendete wunderbare, wohltuende Geborgenheit in der Wildnis. Schnell wurden noch ein paar Stücke des erlegten Schweins verzehrt, ohne daß sie noch einmal ins Feuer gehängt wurden; Hauptsache, der Bauch wurde voll.

Der Kopf der Gruppe hieß Duo. Er sprach den Vorschlag aus, Hano sollte mit ihnen ziehen, sie würden ihm Schutz geben. Außerdem brauche der Stamm gute Jäger.

Dieses Angebot kann ich nicht abschlagen, jedenfalls nicht im Augenblick. Zeit muß ich gewinnen.

So schloß er sich den drei Jägern an. Bevor sie ihr Lager erreichten, mußten sie noch ein größeres Stück Wild erlegen.

An einer Stelle, wo nur mannshohe Büsche wuchsen, verteilte sich die Gruppe im Halbkreis. Hano ging ganz außen, den Bogen in der Rechten, die Lanze in der Linken. Es dauerte nicht lange, bis der

Schweigsame aufgeregt ein Zeichen machte und zu Hano rüber deutete.

Hano duckte sich noch etwas mehr. Er hörte es im Unterholz knacken, und da sah er auch schon einen kapitalen Hirsch kommen. Er steuerte geradewegs auf Hano zu. Hano hatte im Nu die Lanze beiseite gelegt, den Bogen gehoben und den Pfeil angelegt. Schon sauste der Pfeil davon.

Der Hirsch, vollkommen überrumpelt, da er den Feind hinter sich vermutete, wurde durch die Wucht des Pfeils zum Stehen gebracht. Er versuchte noch abzudrehen, aber schon brachen die Vorderläufe ein, und er stürzte zu Boden. Noch einmal versuchte er, sich zu erheben, aber das wurde nur ein wildes Schlagen mit den Beinen. Bald zuckten auch diese nur noch leicht.

Hano hatte einen zweiten Pfeil aufgelegt, ganz nach seiner festen Gewohnheit. Doch sah er sofort, er brauchte keinen zweiten Schuß. Er hatte den ersten sehr treffsicher angebracht, und dieser war voll ins Leben gedrungen.

Er setzte sein rechtes Bein auf den Kopf des Hirsches. Mit der rechten Hand hob er den Bogen und stieß einen wilden Schrei aus. Dieser Hirsch war seine Beute. Niemand würde es wagen, sie ihm streitig zu machen. Das war das eherne Gesetz der Jäger.

Gleich darauf erschienen die anderen drei. In gebührendem Abstand blieben sie stehen. Erst als Hano andeutete, sie sollten näher kommen, folgten sie seiner Aufforderung.

Sie sahen erregt zu, wie schnell Hano die Ader am Hals fand, um den Hirsch ausbluten zu lassen.

Seine Begleiter merkten, dieser Mann war ein großer Jäger. Den würden sie gebrauchen können.

Die Beine des Tieres banden sie mit Fellstreifen, die sie vom Hirsch abgeschnitten hatten, zusammen. Der Schweigsame hatte schon einen langen Ast herbeigeschleppt, der nun durch die zusammengebundenen Beine geschoben wurde. Der junge Jäger, der nicht richtig sprechen konnte, nahm sich das eine Ende auf die Schulter, Hano das andere. So ging es ab in Richtung Lager.

Aufenthalt

Sie mußten noch lange gegen Mittag zu ausschreiten und zwei größere Wasserläufe durchwaten. Hano prägte sich die Gegend gut ein. Die Sonne war bereits ihren Weg gegangen, als sie endlich das Lager des Stammes erreichten. Schon bevor Hano die Hütten erkennen konnte, wurde die Jagdgruppe von den Stammesmitgliedern in Empfang genommen.

Hano wußte nicht, wurde die große Beute oder er am meisten angestaunt, als sie auf die Hütten zuliefen. Nach dem Abladen der Last stand er plötzlich allein, nur neugierige Blicke wanderten zu ihm herüber. Es wagte keiner, diesen fremden Jäger anzusprechen.

Erst nach einer Weile wurde er in eine Hütte gerufen. Hier hatten sich die ersten Männer des Stammes versammelt. Von seinen Jagdgefährten war nur Duo dabei. Als Hano eingetreten war, herrschte erst einmal eisiges Schweigen.

Der Medizinmann war der erste, der das Wort ergriff: «Duo hat uns erzählt, daß du einen guten Bogen besitzt und dein Pfeil den Hirsch im Lauf mitten ins Leben getroffen hat. Nicht jeder Jäger hat eine so sichere Hand.»

Hano zog es vor, nichts darauf zu antworten.

Nach einem Moment des Schweigens fuhr der Medizinmann fort: «Duo hat uns auch erzählt, du wärst auf der Flucht und seist allein. Ich weiß nicht, was davon wahr ist. Doch unser Stamm braucht gute Jäger, wir sind nicht mehr so viele. Du kannst bleiben, wenn du willst. Du kannst zu jeder Zeit wieder gehen. Solange du mit keinem der Jäger hier Streit hast, werden wir dir Schutz gewähren.»

«Ich habe verstanden», entgegnete Hano, «aber ich weiß noch nicht recht. Ich wollte weiter der aufgehenden Sonne entgegen.» Er zeigte mit der Hand in die angegebene Richtung.

«Was willst du da unten?» fragte der Medizinmann weiter. «Da lebt eine Sippe, die nicht wie wir ist. Es sind gefährliche Leute, die Fremde des Lebens berauben. Sie werden nicht lange fragen, wer du bist oder woher du kommst. Du gehörst nicht zu ihrer Art, wenn du ihnen auch erstaunlich ähnlich siehst. Sie wollen keine Fremden.» Die umsitzenden Jäger nickten zustimmend.

«Bleib bei uns», meinte der Alte, der auffallend lange weiße Haare zu beiden Seiten des Gesichts herabhängen hatte. «*Wir* nehmen Fremde auf. Vor vielen Wintern ist schon einer gekommen, der ein großer Jäger war. Dieser Fremde war so ganz anders als wir. Er kam aus einem Land, das in der Nacht liegt, wo die Erde dauernd Schnee und Eis trägt. Dieser Mann ist einige Sommer und Winter bei uns geblieben. Er wußte Dinge, von denen wir vorher keine Ahnung gehabt hatten. Dieser Fremde, ich sagte es schon, ist einige Zeit bei uns geblieben, aber dann hatte er wohl keine Ruhe mehr und ist weitergezogen.»

Hano lauschte immer gespannter. «Er ist auch der aufgehenden Sonne entgegengezogen, genauso wie du es willst.» Dabei blickte ihn der Medizinmann streng an. «Er ist auf den fremden Stamm gestoßen dort unten im Tal der schwarzen Wölfe. Heute wissen wir, daß dieser Fremde mit den hellen Haaren von den Männern dort getötet wurde. Wir wissen es ganz genau, denn wir haben einen von einem Bären verwundeten Angehörigen dieser gewalttätigen Sippe gefunden. Aus ihm haben wir es herausbekommen; er sprach zwar andere Worte, aber ich habe in seinen Geist geschaut. Der Mann meinte, bevor er starb, die Leute in seinem Tal hätten sich mit dem Fremden nichts Gutes eingehandelt. Der Bär, der ihn angegriffen habe, hätte den Geist des Toten besessen. Dieser Bär würde jeden Zweifüßler töten, der es wagte, in seine Nähe zu kommen.»

Der Medizinmann erzählte noch viel von dem Fremden, den anscheinend der ganze Stamm verehrte. Hano wußte Bescheid. Natürlich kann es nur Toore gewesen sein. Er ist also doch nicht im Fluß ertrunken! So ganz habe ich ja nie an seinen Tod glauben wollen. Toore ist also weitergezogen und erst vom Stamm der schwarzen Wölfe getötet worden. Ich muß herausfinden, ob es ein ehrlicher Kampf gewesen ist oder eine heimtückische Tat. Und wo ist dieser Bär, der angeblich Toores Geist in sich hat?

Hano gab sich schweigsam. Auf die Frage des Medizinmannes, ob er schon einen Bären gesehen habe, der ganz weiß sei, antwortete er nur: «In einer anderen Gegend kann es das schon geben. Ich kenne nur die Tiere, die hier bei uns leben.»

Der größte Teil des von Hano erlegten Hirsches wurde noch am Abend verspeist. Hano durfte sich das Stück aussuchen, das er essen wollte.

Im Augenblick blieb ihm nichts anderes übrig, als bei diesem kleinen Stamm zu bleiben.

Die Sippe hier, das fand er bald heraus, war auch schon von vielen guten Geistern verlassen. Nur wenige Kinder liefen herum. Hano vermied es, in die Hütten der Jäger zu gehen; gute Freunde waren am besten auf der Jagd zu gewinnen. Seine eigene Behausung baute er sich aus trockenen Ästen und Buschwerk zusammen, etwas abseits der anderen Lager. Innen polsterte er sie mit Gras aus. Es war kein geschultes Auge nötig, um zu erkennen, daß diese Behausung nicht für die Dauer bestimmt war. Hano wollte nur so lange bleiben, bis er noch mehr über den Stamm der schwarzen Wölfe erfahren hatte.

Nur auf der Jagd mit den neuen Gefährten konnte er sein inneres Streben, wieder der aufgehenden Sonne zu folgen, verscheuchen. Das Aufspüren und Erlegen lebender Nahrung beanspruchte alle Sinne, brachte Gefahren, die zu meistern waren, und das große Glücksgefühl, wenn er mit Beute beladen zum Stamm zurückkehrte.

Oft schon hatte er nun versucht, die Jäger dieses Stammes über die Sippe der schwarzen Wölfe auszufragen, doch er stieß stets auf eisiges Schweigen. Seine neuen Genossen wollten einfach nicht darüber reden. Anscheinend durfte nur der Medizinmann diesen Bann brechen und von den gefährlichen Zweifüßlern reden. Doch der ließ Hano nicht mehr in seine Hütte kommen.

Den Jägern hier hatte er schon gezeigt, daß er seine Stärken hatte, aber doch verhielt er sich weise bei der Jagd. Wieder einmal folgte er einer Lehre Toores.

«Wenn du irgendwann einmal mit fremden Jägern zusammen jagst, so zeige nie deine Überlegenheit! Das gibt böses Blut.» Das waren Toores Worte gewesen. Hano hatte sich so viel von Toore gemerkt. Was hatte dieser große Jäger noch dazu gesagt?

«Wenn es möglich ist, so laß die fremden Jäger zuerst zum Schuß kommen. Du kannst dann immer noch, wenn es nötig ist, den zweiten Pfeil anbringen. Aber dann sieh zu, daß er wirklich ins Leben trifft. Sei nie zu schnell. Laß den fremden Jägern, denen du dich angeschlossen hast, ihren Ruhm. Glaube mir», hatte Toore mit einem schmalen Lächeln gesagt, «ohne Ruhm lebst du ruhiger. Wenn du immer der Erste sein willst, wirst du dir Feinde machen, Neider, die dich Fremden nicht aufkommen lassen wollen. So manch ein Pfeil, der für einen Auerochsen vom Busch gebrochen wurde, hat einen guten Jäger in den Rücken getroffen. Aber du kannst schnell gute Freunde gewinnen, wenn die anderen merken, daß sie mit dir zusammen oft zum Schuß kommen können.»

Hano zog es immer stärker in Richtung der aufgehenden Sonne. Seine Füße wurden unruhig. Am Morgen schaute er oft lange in die erste Sonnenglut, wie sie hinter den Hügeln aufflammte, und er sah sich schon durch die ersehnte Flußlandschaft streifen.

Eines Tages führte sie die Spur einer Pferdeherde weit in seine Richtung. Die Mitjäger zögerten schließlich, die Herde weiter zu verfolgen. Jamo, der Bruder Duos, der die Führung hatte, meinte, als sie von einem Wacholderhang auf eine weite Ebene gegen Morgen blickten: «Es wird Ärger geben. Wir können die Pferde nicht länger verfolgen. Wir haben bereits den Kreis des anderen Stammes überschritten. Wir sind nicht stark genug.»

Hano wagte es zu widersprechen. Da sah ihn Jamo mit funkelnden Augen an: «Wir werden hier nicht mehr jagen. Wir werden dorthin ziehen, wo die Bäume nicht so hoch wachsen. Dort gibt es größere Rentierherden. Wir werden ihre Geister zu uns rufen. Die meisten Jäger werden mitgehen, denn an unserem Platz hat es zuviel Unglück gegeben. Hier ist nichts Gutes mehr zu finden. Wir wollen aber niemand zwingen, mit uns zu kommen. Wer nicht will, kann gehen.» Dabei warf Jamo wieder einen deutlichen Blick auf Hano.

Hano wollte weiter, unbedingt. Er hatte nicht im Sinn, sich wieder mit einem schwachen Stamm herumzuschlagen, der noch dazu offenbar vor der Spaltung stand. Dort, wo die Sonne aufging, dort mußte er suchen. Dort war sein neues Land, nicht da, wo der Winter länger war und die Luft schneidender. Jamo und seine Leute hatten zwar recht, sich neue Fanggründe zu suchen. Sie brauchten neues Leben, neue Familien, die neues Land besiedelten. Das passierte ja oft. Aber Hano stand der Sinn nicht nach Familie.

Jetzt ist der Zeitpunkt für mich gekommen. Hier auf diesem Platz, wo der laue Wind aus der Flußebene über die Gräser streicht. Ich muß das Land kennenlernen, aus dem meine Isi stammt, das Land, wo Toore ruht! Da unten sieht alles so verheißungsvoll aus, die hellen Bäume und das hohe Schilfrohr für schnelle Pfeile, dazu reichlich Wasser und Wild.

Ich muß mich von ihnen verabschieden. Lieber wieder ein einsamer Jäger als dieses Gefühl, zu einem verwelkenden Stamm zu gehören, der seinen Sommer schon hinter sich hat. Die alten Geister, die Fieber schicken und keine Kinder bringen, will ich nicht mehr auf meiner Spur haben.

«Ich werde allein weiterziehen», teilte Hano mit. Die anders entschlossene Schar um Jamo stellte sich ihm nicht in den Weg. Der Anführer gab ihm mit den ausgestreckten zwei Fingern das Zeichen des Abschieds. Einige in der Gruppe baten Hano mit den Augen, er solle sich doch nicht allein in die unbekannte Wildnis begeben. Doch sein Entschluß war der eines Mannes. Da durfte sich keiner in den Weg stellen.

Hano hatte seine wichtigsten Sachen und auch genügend Essen dabei. So würde er gut vorwärts kommen. Wenn die Sonne noch drei-, viermal aufgegangen war, konnte er sein Ziel erreicht haben.

Zweiter Aufbruch

Nicht weit von dem Hang, den Hano jetzt herunterkletterte, stürzte ein Wasserfall über drei Felsstufen. Das Donnern der sprühenden Wasser drang ungehindert bis zu dem einsamen Wanderer herüber. Der kleine Fluß, der da aus den Hügeln kam, konnte nur die Fortsetzung des Baches sein, an dem er das erste Mal auf Mitglieder seiner Gastgeber getroffen war. Sie hatten auf ihren Streifzügen keinen anderen ähnlich großen Wasserlauf berührt.

Ob Toore dort oben von der Oberkante des Wasserfalls damals auch hinuntergeblickt hatte auf die Ebene, die zum Stamm der schwarzen Wölfe führte? Sicher, ich bin auf dem richtigen Weg. Was soll mir schon groß geschehen? Nur gelassen bleiben und die Dinge auf sich zukommen lassen. In der Natur lauern überall unerwartete Gefahren, aber ich habe meine Erfahrung. Der Starke muß sich immer auf sich selbst verlassen können.

Ich muß nur die nächsten Tage aufpassen, daß ich die Leute aus Isis Sippe zuerst aufspüre, und die Umstände dann so einrichten, daß sie für mich günstig sind. Ich muß so tun, als zöge ich durchs Land und wüßte nicht genau, wohin ich will. Und ich darf mich nicht gleich mit meinem ganzen Können zeigen.

Noch einmal blickte Hano zum Wasserfall hinüber, und er vermeinte, das Wasser brüllte so laut vor Glück, daß es endlich in diese saftige Ebene hinausfließen konnte. Aber am Rande der Felsstufe sah er noch eine Bewegung ...

Ein Steinbock war dabei, auf die Hangwiese hinabzuklettern, die Hanos Platz mit den Felsen am Wasserfall verband.

Ein Steinbock!

Das wichtigste am Steinbock waren seine Hörner. Die gaben dem Mann Kraft und Stärke. Hano hatte, als er noch klein war, oft gesehen, wie sein Vater über einem rauhen Stein die Spitzen von

Steinbockhörnern zerrieb und den Männern, nur den Männern, es auf ihr gebratenes Fleisch streute.

In Windeseile hatte er seine Fleischvorräte und den Fellbeutel mit den wichtigsten Arbeitsgeräten in einen hohlen Stamm geschoben und ein großes ausgerissenes Grasbüschel davorgestopft. Nur mit seinen Waffen angetan, würde er den Steinbock leichter verfolgen können. Als er mit großen Sprüngen sich dem Ende der Hangwiese näherte, mußte er sich immer tiefer ins noch nicht sehr hoch gewachsene Gras kauern, um nicht entdeckt zu werden. Ab und zu blickte er auf. Endlich sah er den Steinbock wieder, der ein Stück unter ihm äste. Diese schön geschwungenen Hörner! Hano kam in den Bereich der ersten Felsbrocken. Er mußte enorm aufpassen, daß sich unter seinen Zehen kein Steinchen löste und zu Tal rollte.

Unbemerkt war er direkt über das friedlich grasende Tier gekommen, weil er in der Spalte zwischen zwei Felsen sich nah hatte heranschleichen können. Aber als er dann den Bock unmittelbar vor sich sah und seine Witterung ihm stark in die Nase stieg, weil der Wind direkt zu ihm heraufblies, stellte er fest, daß er in der engen Felsspalte sich nicht so aufrichten konnte, um den Bogen zu spannen. Ahnungslos stieg das kleine Huftier ein paar Schritte weiter nach oben, Hano zu. Es war nur noch einen Steinwurf weit weg.

Ja, das war's! Er konnte sich einen Pfeil sparen. Um seine Füße herum lagen etliche faustgroße Steine. Der Vorteil des Steinbocks war seine Behendigkeit vor allem in schwierigem Gelände.

Hano griff sich nun einen flachen Stein, der auf der einen Seite eine recht deutliche Kante hatte. Blitzschnell hob er den Arm hoch zum Wurf. Schon zuckte der Steinbock zusammen, weil er wohl in den Augenwinkeln etwas wahrgenommen hatte. Aber bis er wußte, von woher die Gefahr drohte, prallte ihm der flache Stein oben an den Vorderlauf, knapp unterhalb der Flanke. Hanos Wurf war stark genug, daß der Steinbock keinen großen Satz mehr machen konnte. Immer wieder einknickend, versuchte das Tier, sich in die Felsen zu retten, aber es entkam Hano nicht mehr.

Das seines Schmuckes und einiger künftiger Bratenstücke beraubte tote Tier legte Hano gut sichtbar auf ein Felsstück. Die Räuber der Luft sollen sehen, daß ich sie auch einlade zu diesem Mahl.

Sie sollen mir danken für meinen Jagdeifer und mich vor Feinden warnen. Und ich bekomme die nötige Stärke für die noch unbekannten Abenteuer im Tal der schwarzen Wölfe.

Schon dreimal war die Sonne aufgegangen, und dreimal war Hano nachts, wenn sein Körper sich ausruhte, wieder mit Toore jagen gegangen oder war wie ein Steinbock über den Wasserfall gesprungen.

Diesen Morgen stieß er nach kurzem Weg auf einen Fluß. Ja, das war der, den er suchte, es gab überhaupt keinen Zweifel!

Er wanderte am Ufer entlang. Er hatte keine Vorstellung von Zeit. Die Sonne war seine Zeit, und im Augenblick stand sie hell im Mittag. Weit voraus am anderen Ufer erhoben sich steile Felswände, dazwischen ein breiter Einschnitt. Dort zwischen den Steilhängen war das Tal der schwarzen Wölfe.

Erste Begegnung

Jetzt müßte bald der entscheidende Moment kommen. Es bedurfte all seiner Überlegtheit und nicht nur seiner Muskelkräfte, um das Zusammentreffen mit der fremden Sippe so zu gestalten, daß es friedlich ablief. Es war vor allem gut, wenn einer nicht gesehen wurde, und noch besser war es, wenn einer mehr sah als die anderen. Hano kletterte also erst einmal auf einen Baum, der dicht belaubt war. Oben in der Krone verschaffte er sich einen guten Ausblick. Einige Zeit saß er mit den Beinen über zwei dünneren Ästen in luftiger Höhe. Er konnte nichts Aufregendes erkennen, aber er wollte vorerst diesen Baum nicht verlassen.

Er schaute runter zum Fluß. Drüben am Ufer steht ja ein Wolf! Ich hab' überhaupt nicht bemerkt, wie der hergekommen ist. Ja, ist das denn überhaupt ein Wolf? Der hier ist fast ganz schwarz und nicht gewöhnlich grau wie die, die ich kenne.

Natürlich: die schwarzen Wölfe! Isi hat doch so oft davon gesprochen. Aber sie hat immer nur vom Winter erzählt, daß sie sich dort sammeln würden, niemals vom Sommer. Ein einzelner Wolf ist sicherlich schwerer auszumachen als ein ganzes Rudel. Einzelne bleiben also auch in den wärmeren Tagen hier. Ein schönes Tier, mit seiner tiefdunklen Rückendecke. Bestimmt sind seine Ahnen einmal hier eingewandert und bis zu unseren Lagerplätzen noch nicht vorgedrungen. Es wäre jetzt ein leichtes, den schwarzen Vierbeiner mit einem gezielten Schuß aus der Baumkrone zu erlegen. Doch die Wölfe sollen ja meine Verbündeten bleiben.

Der Wolf spitzte die Ohren und hielt den Kopf etwas zur Seite. Irgend etwas muß er gehört haben. Was ging da vor?

Ja, da kam ein Biber gemächlichen Schrittes aus dem Ufergebüsch. In seinem Maul hielt der zottige Geselle einen starken Weidenast, den er ins Wasser zu ziehen versuchte. Noch hatte der

Biber den Wolf nicht bemerkt. Alles um ihn herum schien er bei seiner schweren Beschäftigung vergessen zu haben.

Jetzt setzte sich der Wolf in Bewegung. Er stürmte nicht auf den Biber los, o nein, er näherte sich nur langsam diesem rauhen Gesellen. Dieser Wolf mußte aus Erfahrung wissen: mit einem Biber war nicht zu spaßen.

Der Biber sah den Wolf kommen. Er ließ sofort den Ast los und ging in Angriffsstellung. Fünf Schritte mögen den Biber noch vom Wasser getrennt haben, diese fünf Schritte konnten über sein Leben entscheiden. Wie würde dieser Kampf wohl enden? Hano hatte für nichts anderes mehr Augen.

Der Wolf indessen umkreiste den Biber, doch dabei hielt er einen respektvollen Abstand, was wieder darauf schließen ließ, daß er nicht zum ersten Mal einem Biber gegenüberstand. Dieser Schwarzrücken suchte vorsichtig eine Chance, eine Unaufmerksamkeit des Gegners, um ihm augenblicklich seine todbringenden Zähne in die Gurgel zu schlagen. Aber auch der Biber war auf der Hut. Er drehte sich im Kreis, so daß der Wolf nur von vorne an ihn herankommen konnte. Hano glaubte, nicht recht zu sehen, aber der Biber begann tatsächlich einen Gegenangriff. Geschickt wich der Wolf mit einem Seitensprung aus. Die Zähne eines Bibers waren auch mörderische Waffen, und wenn der ein Bein erwischen würde, konnte es sein, daß der Wolf ein Krüppel blieb. Sein Leben würde dann nicht mehr lange währen, denn ein Wolf, der nicht schnell genug laufen konnte, war in der Wildnis verloren.

Gespannt drehte sich der Biber weiter im Kreis. Langsam, aber sicher näherte er sich dabei dem Wasser. Der Wolf mußte dies auch bemerkt haben, denn nun sprang er den Biber von dieser Seite her an. Mit einem schnellen Ausweichmanöver ging der Angegriffene auf die Seite und machte sofort seinerseits einen Vorstoß. Für den Wolf kam dieser Angiff zu blitzartig, er konnte nur noch nach hinten zurückspringen. Der Biber setzte nach, und abermals mußte der Wolf zurücksetzen, wobei er klatschend ins Wasser fiel.

Der Biber sah seine Möglichkeit gekommen, und noch ehe der Wolf den Fluß verlassen konnte, war der zottige Geselle untergetaucht. Das Wasser war aber nicht das Element des Wolfes, da konnte er den Biber nicht bezwingen. Also krabbelte er wieder an Land. Er schüttelte sich ausgiebig das Wasser aus dem Fell. Noch einmal tauchte der Biber auf, um dann gleich wieder zu verschwinden.

Hano auf seinem versteckten Aussichtsplatz bewunderte den rauhen Gesellen. Was für einen Mut muß der haben! Er hat die einzige Möglichkeit, zu überleben, im Angriff gesehen. Viele kleine Tiere sehen nur in der Flucht ihr Heil. Hätte der Biber dies getan, wäre es um ihn geschehen gewesen. Irgendwann hätte der hochbeinige Wolf ihn am Genick gepackt, und dann wäre dem großartigen Baumeister keine Flucht mehr möglich gewesen.

Langsam verschwand der Wolf aus dem Blickfeld.

Hano blieb noch länger auf dem Baum. Er war ja eigentlich hinaufgeklettert, um seinesgleichen zu sehen. Doch damit hatte er diesmal kein Glück.

Der Tag hatte sich bereits verabschiedet, als er sein luftiges Versteck verließ. Ganz in der Nähe zog tief ein Reiher über das Wasser. Im Unterholz fand Hano zwischen Schilf und Buschwerk den Platz für ein Nachtlager. Am Boden herrschte noch reges Leben. Nicht weit von ihm entfernt piepste eine Maus. Es war wohl ihr letztes Piepsen gewesen. Ein Wiesel hatte sich eine Mahlzeit verschafft.

Als er wieder seine wachen Sinne beisammen hatte, sah er erstaunt, daß die Sonne schon durch die letzten Fetzen des Morgennebels drang.

Hano hatte Durst. Er wollte zuerst zum Fluß. Seine Waffen nahm er mit. Niemals ging er ohne sie, wenn er allein war. «Ohne Waffe ist ein Jäger nackt.» Das war einer der wichtigsten Merksätze Toores gewesen.

Er legte seine Waffen neben sich, kniete sich hin und schöpfte mit beiden Händen aus dem tiefer liegenden Fluß. Das Wasser schmeckte nicht schlecht, nur nicht ganz so frisch wie oben in den Bergen.

Alles war still um ihn, nur das Schilf raschelte ab und zu. Aber von Wild oder Zweifüßlern war nichts zu bemerken. Nur oben am Himmel zog einsam ein Adler seine Kreise.

Ein Adler möchte ich sein. Dann würde ich weit über das Land fliegen und könnte alles unter mir beobachten. Doch ich muß mir hier am Boden etwas zum Essen suchen. An den Fluß müssen alle Tiere zum Trinken kommen. Aber den Zeitpunkt habe ich diesmal verpaßt, die Sonne steht schon nicht mehr so schräg.

Hano versuchte, aus dem Schilfgürtel herauszukommen, was eine Weile dauerte. Endlich gelangte er an eine Stelle, wo sich Pfoten- und Hufeindrücke mehrten. Eine ganze Rentierherde mußte hier vorbeigezogen sein, auch einige Hyänen oder Wölfe. Er roch es noch förmlich. Angesichts der vielen verheißungsvollen Spuren geriet er völlig in Jagdfieber. Aber die Tränke, eine nicht von Schilf verdeckte Uferstelle, war verlassen.

Der Fluß war aber auch ein Lebensraum, vor allem für Vögel. Er mußte sich weiter vorsichtig durchs Schilf pirschen und nach einem belegten Nest Ausschau halten. Langsam, ganz langsam, bewegte er sich vorwärts, um ja kein Rascheln zu erzeugen. Toore hatte nicht gern am Wasser gejagt. «Ein Vogel kann so aussehen wie das Schilf, wir schaffen das nicht. Deshalb sehen die Vögel uns und wir nicht sie. Wir haben keinen Vorteil.» Das war seine Aussage.

Hano war sicher, daß er wohl schon an einigen gut getarnten mittelgroßen Vögeln vorbeigeschlichen war. Also versuchte er, wieder vom Uferstreifen wegzukommen. Der Boden war zwar trockener, aber es wurde beschwerlicher, sich durch die vielen Büsche zu schlagen. Aber da sah er weit vorn ganz undeutlich etwas Großes sich ins Dickicht senken.

Nach vorsichtigstem Anschleichen, bei dem er oft sogar den Atem anhielt, stieß er auf das Nest eines Auerhuhns. Vielleicht gab es auch Eier. Als Hano seinen Bogen spannte, wobei er an einige Zweige streifte, wurde der Vogel schon unruhig. Hier mußte er rasch zum Schuß kommen. Vor lauter Anspannung schwoll die Ader auf seiner Schläfe; alle Klammheit der Nacht war verschwunden. Wenigstens den Flügel mußte er treffen, damit die Beute nicht noch davonfliegen konnte. Sein Pfeil bohrte sich so heftig ins Federkleid des Auerhuhns, daß er den getroffenen Flügel bewegungsunfähig an den Körper fesselte. Mit nur einer wild flatternden Schwinge machte das Opfer im Todeskampf einen Kreis, dann blieb es noch schwach zuckend liegen.

Hano brachte seine Beute, die ihn für diesen Tag ernähren würde, in die Nähe der Wildtränke und suchte sich auf dem trockenen Streifen Schilf eine Feuerstelle. Er mußte eine größere Fläche roden, um nicht den ganzen Schilfgürtel in Brand zu setzen. Es ging nicht viel Wind; zwischen den Halmen wurde es ungewohnt warm.

Als er mit seinen Steinen die erste Glut entfacht hatte, suchte er recht wahllos Halme zusammen, die er in einem dicken Bündel auf die ersten Flämmchen warf. Es war auch viel feuchtes Brennmaterial darunter, das starken Rauch entwickelte. Aber Hano wollte diesmal gesehen werden. Eine kleine Rauchfahne, die auf weite Entfernung zu erblicken sein würde, mußte jeden umherstreifenden Jäger aufmerksam machen und ihm deutlich zeigen, daß sich hier einer von seiner Art aufhielt.

Er hatte das Seinige getan; nun hieß es abwarten.

Das aufgespießte große Huhn ließ sich gut über dem Feuer drehen. Der würzige Duft dieses wohlschmeckenden Vogels zog Hano bald durch die Nase, doch seine Lauscher horchten weiterhin gespannt in die Ferne. Nichts entging seinen Ohren, auch wenn es beim Prasseln und Zischen des Feuers, in dem einige Tröpfchen Fett verdampften, nicht leicht war, auf Geräusche weiter draußen zu hören. Er glaubte zu spüren, daß sich etwas näherte. Dann flogen aus dem Schilf einige Vögel gleichzeitig auf; sie mußten gestört worden sein. Hano wußte jetzt, worauf er seine Aufmerksamkeit richten mußte ...

In seinem Bauch kribbelte es. Bald wird die Begegnung stattfinden. Ich hab' sie ja herbeiführen wollen, doch ehrlich gesagt, ist mir nicht recht wohl in meiner Haut. Einer aus dieser gefährlichen Sippe könnte ja zuerst schießen und erst dann fragen, wer ich bin.

Den Oberkörper tief geduckt, lauschte und äugte er. Das Rascheln kam näher. Die Schilfhalme bewegten sich heftig. Das war kein Wind, das mußten Zweifüßler sein. Hano zwang sich, die äußere Gelassenheit aufrechtzuerhalten.

Noch ehe er recht begreifen konnte, sprangen zwei Männer mit gespannten Bogen aus dem Schilf. Hano erhob sich wie ein völlig Überrumpelter, da tauchten nochmals zwei Jäger aus den Halmen auf. Diese hielten Lanzen in den Händen, zum Wurf erhoben.

Endlich waren die ersten Leute aus dem Tal der schwarzen Wölfe vor ihm. Alle vier waren recht kräftig, von sehr aufrechter Gestalt, hatten auffallend vorspringende Unterkiefer und ungewohnt hohe Stirnen; ihre Köpfe waren noch mehr in die Länge gezogen als der bei seinen Gefährten schon hervorstechende Kopf von Hano.

Wie bei seiner ersten Begegnung mit Fremden hob Hano ruhig, um niemand zu erschrecken, seine Arme auf Kopfhöhe und zeigte die leeren Handflächen.

Da kamen die fremden Jäger näher. Einer schlich sogar so nahe an Hano heran, daß er ihn hätte berühren können. Dieser eine bückte sich, um eilig die neben dem Feuer liegende Waffe des Überraschten an sich zu nehmen.

Wie hatte doch Toore einmal gesagt? Ein Jäger ohne Waffen sei nackt, ja, wie ein Raubtier ohne Krallen. Im Augenblick kam sich Hano sehr nackt vor, aber er war noch am Leben.

Der fremde Jäger mit den buschigen Augenbrauen zeigte seinen Gefährten den erbeuteten Bogen, spannte die Sehne und ließ sie wieder los. Einer sprach etwas und nickte mit dem Kopf. Hano deutete es als eine Art Lob oder Anerkennung für sein Jagdgerät.

Endlich redeten die Jäger vernehmlich. Es war nicht Hanos Sprache, aber er konnte sie verstehen, denn Isi hatte sie ihm ja beigebracht. Wohlweislich hütete er sich, in ihrer Mundart jetzt schon etwas zu sagen. Es war sein Vorteil, wenn er sich erst einmal den Anschein gab, als würde er ihre Verständigungsweise nicht verstehen. Das könnte sie dazu verleiten, auch in seiner Gegenwart ungezwungener von ihren Angelegenheiten zu sprechen, und er würde damit vielleicht schneller erfahren, was sie mit ihm vorhatten.

Die vier berieten sich noch und blickten mißtrauisch auf den Mann am Feuer. Aber Bogen wie Lanzen hatten sie gesenkt. Endlich meinte einer von den Lanzenträgern: «Wir müssen aufpassen, sein Bogen ist sehr gut.»

Der zweite fiel mit junger, hoher Stimme ein: «Er muß von weit her kommen, sonst würde er unsere Sprache verstehen.»

«Richtig, er muß fremd sein, denn er wußte nicht, daß wir hier am Fluß sind», warf jener ein, der Hano den Bogen abgenommen hatte.

Die Beratschlagung vor dem fragend blickenden Gefangenen dauerte eine geraume Weile; jeder hatte sein Wenn und Aber. Das leckere Auerhuhn vor allem aber hielt sie am Fleck. Sie warteten offenbar auf eine einladende Geste von Hano, die dieses Zusammentreffen zu einer friedlichen Begegnung machen würde.

Eine Zeitlang spielte Hano den Unentschlossenen, doch dann lud er sie mit einer deutlichen Geste in seiner Sprache ein, ans Feuer zu kommen. Die vier verstanden sofort. Bevor sie sich hinsetzten, legten sie ihre Waffen neben sich. Die Gäste mußten sehr hungrig sein, denn sie fielen mit Klauen und Zähnen über das Fleisch her und rissen gierig die langen weißen Fasern von den Knochen. Die sind heute noch nicht zum Schuß gekommen, dachte Hano.

Während der knappen Mahlzeit versuchten die vier Fremden, mit dem aufgespürten Jäger ins Gespräch zu kommen. Aber Hano tat noch so, als würde er so gut wie nichts verstehen. Erst auf ihre Fragen, wer er sei und woher er komme, ließ er einzelne, undeutliche Laute hören. Aber ihre Neugier war drängend, denn es kam schließlich nicht alle Tage vor, daß ein einzelner Jäger durch die Lande zog.

Schließlich berichtete ihnen Hano stockend die gleiche Geschichte, die er den andern Jägern auch schon mitgeteilt hatte. Offensichtlich verstanden sie ihn halbwegs und nahmen seinen Bericht an.

Der Stamm sei hungrig, deshalb seien sie auf die Jagd gegangen, wollten Beute machen in den Wäldern weiter weg vom Fluß, erfuhr Hano. Ob er sich ihnen anschließen wolle? Halbwegs zufrieden mit der warmen Mahlzeit, die plötzlich für fünf Münder hatte reichen müssen, erhoben sich die vier Jäger und warfen ihre Blicke auf den einzig Sitzenden.

Hano gab sich zuerst zögernd; er wollte nicht zeigen, daß er nur auf diesen Vorschlag gewartet hatte.

Alle vier redeten auf ihn ein, vor allem der mit den dichten Augenbrauen; er schien der Wortführer zu sein. Hano gab allmählich seine zweifelnde Miene auf und erhob sich ebenfalls. Gleich erhielt er seinen Bogen gereicht; sie hatten ja gemeinsam gegessen. Zügig setzte sich die Gruppe in Bewegung aus dem Schilfgürtel heraus. In einer Linie mußten sie schnüren, Hano an zweiter Stelle, damit eine etwaige Flucht, an die die Jäger wohl noch glaubten, gleich vereitelt werden konnte.

Als aber Schilf und Buschwerk hinter ihnen lagen, schwärmten sie im Halbkreis zu beiden Seiten aus. Für Hano war diese Art von Jagd nichts Neues. Was ihm aber nicht paßte, und was er noch nicht kannte, war, daß der jüngste der vier ganz nah bei ihm blieb. Anscheinend trauten sie ihm doch noch nicht ganz.

Wenn diese Jäger wüßten, wer ich bin, läge ich schon lange mit einem Pfeil im Rücken und aufgebrochenem Schädel im Schilf wie eine vergessene Beute. Werden sie mich auch mitnehmen zu ihrem Stamm?

Der Elch

Der Jagdtrupp bewegte sich im lichten Wald weit auseinandergezogen. Die Möglichkeit, ein Stück Wild aufzuspüren, war so viel größer. Wenn es dann nicht stracks von ihnen weglief, sondern etwas seitlich ausbrach, würde es mit Sicherheit in einen Pfeil oder eine Lanze laufen. Es war die erfolgreichste Art, auf die Jagd zu gehen, neben dem Fallenstellen für die ganz großen Tiere. Allein blieb einem nichts anderes übrig, als das Wild behutsam anzuschleichen.

Von der linken Seite schrie der Jäger an der äußersten Flanke laut los. Hano verstand nichts, doch gleich darauf hörte er von dort das Krachen von trockenen Ästen, was von einem aufgescheuchten Tier stammen mußte. Es mußte ein großes Tier sein. Hano hatte dafür ein Ohr.

Er stellte sich an einen Baum. Es sah so aus, als wären der Baum und Hano miteinander verwachsen. Sein Arm spannte den Bogen. Hano schaute nach den andern. Auch sie warteten schußbereit.

Das Tier bewegte sich ziemlich genau auf Hano und seinen Beschatter zu. Dann sah er es endlich durch die Zweige: ein mächtiger Elchbulle.

Hano hätte jetzt schießen können, doch er hielt sich bewußt zurück, um seinem jungen Begleiter den ersten Schuß zu lassen. Sein Begleiter schoß, aber der Pfeil traf nicht ins Leben; Hano sah es sofort. Im linken Oberschenkel des Elchs stak zitternd das dünne Rohr. Jäh blieb das Tier stehen. Bevor es den Fluchtweg ändern konnte, ließ Hano seinen Bogen singen.

Der Elch zuckte zusammen, denn der zweite Pfeil saß richtig. Doch das starke Tier stürmte noch einmal los. Der Jäger neben Hano stieß einen hohen Laut aus, was wohl bedeuten sollte, das Wild sei getroffen. Der Stamm schien bei der Jagd bestimmte Signale zu gebrauchen, die alle eine Bedeutung hatten. Das war neu für Hano.

Mit funkelnden Augen stürmte sein Bewacher dem fliehenden Tier hinterher. Die anderen liefen auch alle los, vom Jagdfieber gepackt. Sie beeilten sich, die Fährte des verwundeten Elchs aufzunehmen.

Das war am Anfang nicht einfach, doch je weiter sie vordrangen, desto leichter war die Spur an den vom Blut gefärbten Blättern abzulesen. Bald war es auch am Boden zu riechen, was die Jäger zu noch angespannterer Suche antrieb, wenn ihnen auch schon die Zunge aus dem Mund hing und Schweiß und Baumbast die Gesichter verschmierten.

Endlich stieß der erste Verfolger auf den zusammengebrochenen Elch. Als das Tier die Jäger sah, versuchte es mit aller Gewalt, noch einmal auf die Beine zu kommen, doch schon holte der erste Jäger mit der Lanze zum entscheidenden Stoß aus. Das ging so schnell, daß der Elch keinen Schritt mehr tat.

Die vier Jäger vollführten im Unterholz wahre Freudentänze. Dabei schlugen sie sich gegenseitig auf die Schultern. Auf Hano achteten sie im Moment nicht besonders, doch der besah sich um so intensiver die Schaufeln des erlegten Tieres.

Tatsächlich, da ist deutlich eine aufgeschürfte Stelle an der Geweihschaufel zu sehen. Dieser stattliche Bursche ist mir schon einmal oben am Bachsee begegnet. Die Geister sind mit mir. Sie haben mir dieses Tier geschickt, damit ich mich als guter Jäger vor den Fremden zeigen kann.

Aber die anderen schienen nichts wahrzunehmen. Sie waren es, die vor dem erlegten Tier in Freudentänze ausbrachen, wild alle Glieder schüttelten, sich im Kreis drehten und sich gegenseitig mit ordentlichen Hieben auf die Schultern schlugen. Auf diese Art zeigten sie ihren Triumph.

Hano blickte weiter stumm auf den toten Elch. Innerlich war er aufgewühlt, sein Mund zuckte. Mir gehört doch der Ruhm ganz allein; mein Pfeil mit dem beflügelnden Bild der Adlerschwinge hat den Elch niedergestreckt, nicht der viel kürzere und dunklere meines jungen Begleiters. Aber ich kann sie jetzt nicht zurechtweisen. Nein, jeder Streit könnte noch fatale Folgen haben.

Die Jäger waren ruhiger geworden. Der größte, ein besonders

hagerer mit sehnigen Armen, der ein um die Achseln herum schon abgewetztes Wisentfell trug, schaute nachdenklich auf den Pfeil, der dem Elch ins Leben gedrungen war. Dadurch wurden auch die anderen aufmerksam gemacht. Auf einmal herrschte betroffenes Schweigen.

Ihr jüngster Stammesbruder wendete den Blick ab und ließ die Schultern hängen, als der Wortführer zu Hano sagte: «Dein Pfeil war es. Es ist deine Beute.» Alle vier wendeten sich betreten von dem eben noch bejubelten Tier ab.

Hano hatte ruhig und aufmerksam das Verhalten der Stammesbrüder verfolgt. Sind das die wilden, tierischen Gesellen, wie sie mir zuletzt geschildert wurden? So, wie die sich benehmen, sind es Genossen, mit denen ich freundschaftlich umgehen kann. Ich muß mich nur mit ihnen gutstellen.

«Nicht mir gehört der Elch, sondern *uns*», wandte Hano deshalb mit einem leichten Kopfschütteln ein. «Ohne eure Hilfe hätte ich den Schuß niemals anbringen können. Wichtig ist doch, daß wir uns bei der Jagd verstehen und uns das Wild gegenseitig zutreiben. Dann ist es ganz gleich, wer ins Leben trifft. Wenn wir immer so zusammen jagen, dann werden wir auch oft Erfolg haben. Ich glaube, wir sollten zusammenbleiben, denn mir scheint, wir sind alle große Jäger.» Er wollte sich deutlich als zu ihnen gehörig zeigen.

Gleich hellten sich die Gesichter der vier auf – sie hatten seine Worte also, zumindest dem Sinn nach, einigermaßen verstanden. Sie brachen wieder in wilde Rufe aus. Ein guter Schuß und ein paar kluge Worte hatten Hano die Freundschaft dieser Jäger erworben. Alles weitere würde jetzt leichter gehen.

Zu fünft fielen sie nun über den Elch her und teilten ihn mit ihren Steinmessern auf. Sie nahmen die Beute aus, als wären sie schon eine eingespielte Gemeinschaft. Jeder Jäger lud sich ungefähr die gleiche Menge Fleisch auf. Hano klemmte sich noch die großen Schaufeln des Elchs unter den Arm.

Sie gingen wieder den Weg zum Fluß zurück. Hano wußte sehr gut, wohin sie wollten. Er stellte auch keine Fragen. Es war klar, daß sie zurück zum Stamm wollten. Sie haben mich einfach mitgenommen, ohne erst groß zu fragen. Ich habe mir anstandslos mein Teil

Fleisch aufladen können, als gehörte ich schon immer zu diesem Stamm.

Müde und verschwitzt erreichten sie den Fluß. Hano war gespannt, wie sie über den Fluß kommen wollten. Hatten sie etwas Fahrbares versteckt oder mußten sie durchwaten?

Hano tat zwar etwas überrascht, doch war er es in Wirklichkeit gar nicht, als die anderen zusammengebundene Baumstämme aus dem Unterholz zogen. Streifen aus Tierhaut hielten sie zusammen.

Schnell hatten die Jäger das Fleisch draufgelegt und zogen ihr Gefährt ins Wasser. Dann stellten sie sich selber drauf und stießen mit langen Stangen vom Ufer ab. Sie kamen in Fahrt. Hano hatte sich mit den anderen Jägern hingesetzt, nur zwei standen und stachen die Stangen gleichmäßig ins Wasser, um sich vom Grund des Flusses abzustoßen.

Langsam näherten sie sich dem andern Ufer. Mitten zwischen den steilen Felswänden konnte Hano erkennen, daß da ein Bach floß. Ja, er wußte es noch von damals.

Die zwei Steuermänner schafften es sehr geschickt, das Gefährt direkt in den Bach einlaufen zu lassen. So fuhren sie, in der Gegenströmung schneller staksend, noch eine Zeit weiter.

Der Bach wurde schmaler. Lange würden sie mit diesen Baumstämmen nicht mehr vorwärtskommen. Doch sie schienen auch schon am Ziel zu sein. Der Jäger mit dem zotteligsten Fell sprang als erster ans Ufer und hielt gebückt die beladenen Baumstämme fest. Nacheinander stiegen alle an Land.

Im Dorf

Schnell hatten sie das Fleisch abgeladen und waren auch schon umringt von Frauen und Kindern.

Als dann auch einige Männer erschienen, zogen sich die weiblichen Stammesmitglieder mit ihrem Nachwuchs respektvoll in einem Halbkreis zurück. Die Beute wurde ausführlich begutachtet. Hano blieb bewußt nah am Bach. Er wollte sich nicht in den Vordergrund schieben.

Der Wortführer mit den dichten Augenbrauen, der ähnlich kräftige Arme hatte wie Hano, wurde von den hinzugekommenen Männern umringt. Sie redeten aufgeregt auf ihn ein. Hano konnte nicht verstehen, was sie sprachen. Aber an den Gebärden und den häufigen Seitenblicken auf ihn war zu erkennen, worum das Streitgespräch ging. Mehrere mißtrauische bis abweisende Blicke trafen ihn. Hano fühlte sich zusehends unwohler in seiner Haut.

Werden die vier Jäger, auf die ich gestoßen bin, genügend Einfluß besitzen, um die andere Gruppe, die so feindselig blickt, nicht die Oberhand gewinnen zu lassen?

Gravitätisch schritt schließlich ein gebeugter alter Mann auf das Ufer zu. Er trug mehrere zusammengebundene Felle, die von den Schultern bis zum Boden reichten. An einzelnen Stellen waren Fuchsschwänze hineingearbeitet, die im gemessenen Schritt des Mannes mitbaumelten. Um beide Ohren trug er einen Kranz aus bunten, verschieden großen Federn, die ihn zusammen mit seinem dünnen, in einzelnen Kringeln abstehenden Haaren wie eine zerzauste Eule aussehen ließen – oder auch wie einen alten Kauz. Der trotz seines sichtbaren Alters fest und sicher einherschreitende Mann ging direkt auf die Gruppe der heftig aufeinander einredenden Jäger zu und hob erwartungsvoll sein fleckiges Gesicht. Das konnte nur der Medizinmann sein.

Es dauerte nicht lange, dann war er unterrichtet. Einzig und allein das Wort dieses Mannes war entscheidend, denn jeder im Stamm mußte sich beugen, wenn der Medizinmann etwas verkündete. Jetzt kam die in Felle gehüllte Gestalt auf Hano zu. Dicht vor ihm blieb sie stehen und ließ lange ihren prüfenden Blick auf ihm ruhen.

«Komm mit», sagte der Gebieter der Geister nur, drehte sich um und ging in seinem gemächlich-festen Schritt den leichten Hang vor ihm hinauf. Durch dichtes Wacholdergestrüpp führte ein ausgetretener Pfad. Es dauerte nicht lange, und Hano konnte auf einen Schlag das in einer erhöhten Senke errichtete Lager sehen. Er bemerkte gleich, daß dieses Hüttendorf in der Mulde eines Bergausläufers zum einen gut geschützt lag, zum andern den Zugang zum hinteren Tal überblickte.

Der Medizinmann steuerte auf die Hütte zu, die am höchsten stand. Drei Männer folgten Hano noch, unter ihnen auch der Wortführer der Gruppe, von der er sich hatte aufstöbern lassen.

Alle setzten sich in der Hütte rund um die Feuerstelle. Nur Hano blieb stehen. Er fühlte sich unsicher.

«Setz dich», befahl die wandelnde Eule und deutete mit der Hand genau auf den Platz ihr gegenüber. Hano konnte in dieser Position dem forschenden Blick des Alten nicht mehr ausweichen. Der Medizinmann fing auch schon zu sprechen an: «Du bist in unser Land eingedrungen, unsere Jäger haben dich aufgespürt. Woher kommst du, und wohin willst du? Wo ist dein Stamm? Warum bist du von ihm fortgezogen?»

Immer die gleichen Fragen. Wenn ich so tue, als verstünde ich nichts, kann ich eine ausführliche Antwort vermeiden.

Nach einigem Hin und Her ließ sich Hano in einigen bewußt gestammelten Stichworten die Auskunft entlocken, er sei seiner alten Horde entflohen und suche als einsamer Jäger eine neue Bleibe.

«Deine Zunge ist träge; sie verrät mir nicht, aus welchem Landstrich du kommst», bemerkte mit zweifelnder Miene der Zauberer. Er war sichtlich unzufrieden mit dem, was er aus dem Eindringling herausbekommen konnte. Er wandte sich nun auch an den Jäger, der Hano schon vertraut war, und bemerkte: «Ich sehe es nicht gern,

wenn Fremde zu uns ins Tal kommen. Sie stören den Frieden des Stammes.» Dann verkündete er der versammelten Runde: «Bevor wir entscheiden, werde ich die Geister befragen; sie werden mir die Augen öffnen.»

Hano hörte diese Worte wie im Traum. Das darf doch nicht wahr sein! Hat diese fellbehängte Gestalt damals im Schein des Lagerfeuers mein Gesicht wirklich gesehen? Aber es kann auch sein, daß dieser schlaue Fuchs mich nur herausfordern will. Vielleicht hat er eine Prüfung mit mir vor. Nur jetzt keinen Fehler machen!

Deshalb versuchte er noch einmal unter wirkungsvollem Einsatz von sprechenden Gebärden, der kleinen Versammlung seine Friedfertigkeit klarzumachen, und daß er Schutz brauchte.

Zum Schluß dieses ersten Treffens verkündete der Medizinmann, daß Hano in dieser Nacht im Tal bleiben könne. Am nächsten Morgen würden die Geister gesprochen haben. Hano verließ erleichtert die Hütte.

Draußen standen ein paar Männer. Sie grinsten über das ganze Gesicht. Hano beachtete sie kaum. Er schaute zum Himmel. Er suchte die Sonne. Sie stand schon weit im Abend. Für ihn war es ein neuer Anfang, aber er war von Mißtrauen umgeben. Er würde sich sehr lernfreudig zeigen müssen, damit er möglichst bald, ohne neue Fragen aufzuwerfen, sich in ihrer Sprache geläufig verständigen durfte. Mit der jetzigen Verstellung konnte er nur ein bißchen Zeit gewinnen.

Als er wieder unten am Bach war, war alles Fleisch schon abtransportiert. Das wichtigste war für Hano jetzt aber, sich nach einer Bleibe umzusehen. Er sprang auf die andere Uferseite und blickte umher. Lang zog sich die sanft gewellte Talsohle mit ihrem frischen Grün dahin. Bäume und Büsche waren nur vereinzelt zu sehen, allein eine durchgehende Reihe kräftiger Weiden zeigte den gewundenen Bachverlauf an. Wie hatte Isi gesagt? «Das schönste Fleckchen Erde, das je meine Augen geschaut haben.»

Hano mußte an sie denken. Mein Versprechen habe ich vorerst eingelöst, aber noch nicht alle Schwierigkeiten beseitigt. Ja, hab' ich denn geglaubt, daß sie mich mit offenen Armen wie einen Bruder aufnehmen? Wie hätte mein Stamm gehandelt? Sie wären auch zu

Recht mißtrauisch gewesen. Es konnte ja sein, daß sie glaubten, ich wäre nur zum Auskundschaften hier, um mir über die Stärke des Stammes ein Bild zu machen.

Er ging bachaufwärts. Auf einem großen Stein ließ er sich nieder, genügend weit weg, um nicht mehr den neugierigen Blicken der Frauen und Kinder ausgesetzt zu sein. Die Nacht würde bald kommen. Wo war ein geeigneter Platz für ihn?

Direkt hinter ihm war eine Anhöhe, die mit losem Geröll bedeckt war. Dort, etwa in Höhe des Dorfes auf der gegenüberliegenden Seite, gab es auch ein paar Mulden. Sollte es in der Nacht jemand wagen, seine Ruhe zu stören, so würde das lose Gestein jeden ungebetenen Gast verraten. Auch er mußte schlau zu Werke gehen. Jeder, der es sehen wollte, sollte auch sehen, wo Hano die erste Nacht verbrachte.

Sie bot ihm nicht viel Ruhe, denn Hano versuchte sich an einigen Künsten seines Vaters, um zu den Geistern zu gelangen, die der Medizinmann befragen wollte. Er bildete einige magische Steinkreise, in die er die mitgebrachten Federn von Eule und Adler legte und dabei die entsprechenden Beschwörungen flüsterte. Immer wieder horchte er auch angespannt in die Dunkelheit, aber nichts Verdächtiges regte sich.

So war Hano auch schon früh wieder auf den Beinen. Der Hunger nagte in seinen Eingeweiden. Im Bach gab es Fische, wie er gesehen hatte, aber sie waren ziemlich klein. Von dieser Sorte hätte er schon einige gebraucht, um satt zu werden. Aber in der Not? Wenn er nicht anders zum Schuß kam, mußte er sich wohl damit begnügen. Er wanderte weiter und ließ den Blick nicht vom Bach.

Die Geister müssen es wirklich gut mit mir meinen. Da vorn spielen doch tatsächlich zwei Fischotter unter einem waagrechten tiefstehenden Ast. Die Tierchen sind so sehr mit sich beschäftigt, daß sie mich noch gar nicht bemerkt haben.

Die Gelegenheit nützte Hano blitzschnell. Schon steckte die Wurflanze dem einen der spielenden Gesellen fest im Genick. In Windeseile verschwand der zweite Otter. Das war schnelles Jagdglück.

Hano war gerade damit beschäftigt, an seinem Platz dem Tier das Fell abzuziehen, als zwei der ihm bekannten Jäger ohne Waffen am Rande des Geröllfelds auftauchten. Sie lachten recht vertraulich, als sie auf Hano zutraten. «Ein schönes Tier. Ein gutes Fell für den Winter», sagte der junge Jäger, der den ersten Schuß auf den Elch abgegeben hatte.

Schmunzelnd erwiderte Hano: «Soll ich warten bis zum Winter, wenn ich jetzt Hunger habe?»

«Du sollst jetzt nicht essen», sagte der andere Jäger. «Wir müssen dich holen; der Medizinmann will dich sprechen.»

Hano hielt inne. Schon so früh am Morgen?

Der junge Jäger erkannte seine Zurückhaltung und sagte zu dem hell gekleideten Genossen: «Geh du mit ihm allein. Ich mach' derweilen den Otter hier fertig, und wenn ihr zurückkommt, können wir zusammen essen.» Gleich machte er auch Anstalten, vor Hanos Lagerplatz eine Feuerstelle vorzubereiten.

Hano traute seinen Ohren nicht. Verwundert schaute er dem jungen Kerl zu, wie der ihm das erlegte Tier abnahm und sich an die weitere Zubereitung machte. Er stellte keinerlei Fragen. Das Urteil mußte wohl bereits gesprochen sein, und diese zwei wußten es schon.

Hano, innerlich voller Spannung, zwang sich, gemächlich ins Dorf zu schreiten. Er mußte gelassen erscheinen.

In der Hütte des mächtigen Beherrschers der Geister saßen heute einige Männer mehr. Hano mußte sich wieder an den gleichen Platz wie gestern setzen. Der Medizinmann hatte Zeichen aus Asche auf Stirn und Nase. «Ich habe heute nacht die Geister befragt», fing er an, «doch sie konnten mir keine genaue Auskunft geben. Nur eines haben sie mir bestätigt: daß du ein großer Jäger bist. Doch deine Herkunft war für sie unbekannt. Ich meine aber, ich habe irgendwo schon einmal dein Gesicht gesehen, und es war böse.»

Ein kurzes, betroffenes Schweigen herrschte. Das Antlitz des alten Mannes war abwesend, er meditierte mit geschlossenen Augen. Ruckartig hob er wieder den Kopf: «Jedoch die Geister haben gesprochen, daß sie dich prüfen wollen. Nach der Beratung mit dem Jagdführer Meto» – dabei zeigte er auf den Jäger, der mit seinen drei Genossen Hano ins Dorf gebracht hatte – «hat das Urteil zu deinen Gunsten gesprochen. Es steht dir frei, hierzubleiben, wenn du Frieden hältst. Die Geister müssen deine Eignung prüfen. Geh, und such dir einen Platz irgendwo im Tal. Im Dorf darfst du vorerst nicht wohnen.» Der große Meister stand auf zum Zeichen, daß die Sitzung zu Ende war.

Schnell verließ Hano die Hütte. Innerlich jubelte er. Doch er hatte noch seine Rolle als vermeintlich Sprachunkundiger zu spielen. Also nahm er sich gleich Meto beiseite und bat mit fragendem Blick um eine Erläuterung, was da soeben verkündet worden war. Um sie beide stand eine kleinere Gruppe freundlich blickender Jäger. Aber einige waren auch aus der Hütte des Medizinmannes getreten, ohne den Eindringling eines Blickes zu würdigen. Als Meto nach seiner Art die Worte des Geistersehers vermittelt hatte, ließ Hano sein Gesicht aufleuchten und schlug zum Zeichen seiner Freude dem stämmigen Jäger die Hand auf die Schulter, die Geste, die er beim erlegten Elch gesehen hatte. Der Jäger im hellen Fell, der ihn abgeholt hatte und von den anderen gerade als Wesu angeredet worden war, schloß sich den beiden an, als sie über den Bach gingen, wo schon der Duft gebratenen Fleisches herwehte.

Boro

Hano war noch nicht wirklich in den Stamm der schwarzen Wölfe aufgenommen worden, aber er war doch dabei, die ersten Freunde zu gewinnen. Trotzdem hatte er hier keinen Rang und Namen. Er machte sich nichts vor – er war immer noch ein Fremder. Aber da saß im Geröllfeld schon der junge Jäger, der inzwischen für sein leibliches Wohl gesorgt hatte. Der Fischotter brutzelte bereits überm Feuer. Im Augenblick konnte Hano gar nicht anders, als seine drei neuen Freunde über das ganze Gesicht anzustrahlen.

Als sie am Feuer saßen und gemeinsam den Otter verspeisten, meinte der Jüngste in der Runde: «Da wir schon beisammen sind, könnten wir auch den Tag miteinander verbringen.» Meto bemerkte gleich: «Dazu habe ich auch Lust. Das ist ein guter Vorschlag von Federhand. Wir werden dir deine neue Heimat zeigen.»

Als sie dem Bach entlangschlenderten, mußte Hano wieder an Isi denken. Wie oft hat sie doch gesagt, daß dieses Tal das schönste sei, das ihre Augen je geschaut haben. Hano versuchte, das Tal der schwarzen Wölfe mit ihren Augen zu sehen, und mußte feststellen, wie recht sie hatte. Hohe Gipfel bildeten den Abschluß des Tals, und dichte, geschlossene Wälder stiegen die Hänge hinunter, die wie knorrige Wurzeln auf den Bach zuliefen. Der Wasserlauf selbst kam in vielen Verästelungen daher und bildete woanders wieder kleine, klare Stauteiche hinter rundgespülten Steinschwellen. Die Wälder waren die Region der Wölfe, Fische tummelten sich im Bach, die kräuter- und grasbestandenen Hänge waren die saftigsten Weideplätze für das Wild, und draußen in der Ebene vor dem Fluß konnten die großen Herden vorbeiziehen. Gestein und Geröll hier gaben jede Menge Rohmaterial für Waffen und Werkzeuge ab. Es war wirklich ein wunderschönes Stück Land.

Nie hat Isi sich in ihrer zweiten Wohnstätte beklagt. Aber ich glaube, daß sie sich oft, sehr oft nach diesem Fleck zurückgesehnt haben muß. Mir ist damals nie der Gedanke gekommen, daß Isi nur hier wirklich glücklich gewesen ist...

Den ganzen Tag ließ er sich die einzelnen Plätze für die Jagd zeigen und die wenigen Stellen, wo es über Nebentäler noch hoch in die Berge ging. Dabei ließ er sich alle möglichen Namen sagen und tat so, als würde er durch die Unterhaltung erst ihre Sprache lernen. Diese Beschäftigung bereitete Hano eine große Willensanstrengung, aber er mußte tapfer seine Rolle zu Ende spielen. Auf seiten seiner Weggenossen war auch kein Erstaunen zu bemerken, wie schnell er sich ihre Redeweise aneignen konnte.

Auf jener Talseite, wo das Dorf lag, gelangten sie wieder zurück. Das Lager war schon in Sicht, da hielt Wesu plötzlich an und deutete auf einen Felsen etwas oberhalb von ihnen. «Da, Hano, siehst du die Hütte unter dem großen Stein? Die kannst du dir zurechtmachen. Für einen einsamen Jäger, der allein lebt, ist sie groß genug.»

Hano stieg gleich hinauf, um sich die Hütte näher anzusehen. Ein dichtes Gerippe kahler Äste, die zum größten Teil an der ziemlich glatten Felsseite lehnten, war noch von ihr übrig. Es war einiges daran zu machen, wenn sie wieder winterfest werden sollte, aber das war zu schaffen.

«Wem gehört die Hütte?», fragte Hano. «Du siehst, sie ist nicht mehr bewohnt», bekam er als Antwort. «Und wem gehörte sie früher?» beharrte er.

Darauf blieben die anderen erst einmal stumm. «Die Hütte kommt doch nicht alleine dort hin, die muß doch jemand gebaut haben», murmelte er in seiner alten Sprache. Etwas verständnislos blickte Meto ihn an, dann erklärte er kurz: «Der Jäger dieser Hütte ist tot. Von uns will sie keiner. Sie liegt zu weit weg.»

Hano wußte nicht, was er mit dieser Antwort anfangen sollte. Es muß einen anderen Grund geben, warum keiner die Hütte will. Aber die Lage ist gut, die Öffnung blickt direkt nach Sonnenaufgang, und der Fels schützt recht gut vor Regen. Hier kann ich meine wenigen Habseligkeiten hinschaffen.

Am nächsten Tag setzte sich dichter Nebel im Tal fest. Hano war dabei, belaubte Äste als vorläufigen Regenschutz und nebenbei

auch ein paar gute Steine für Pfeilspitzen zu suchen, als er Meto auf seinen Platz am Felsen zugehen sah. Er beobachtete ihn einige Zeit und überlegte, wieviele Winter mehr als er selbst dieser Jäger wohl schon auf dem Buckel hatte. Meto war ja immerhin der Jagdanführer. Dann ging er ihm entgegen.

Die beiden begrüßten sich mit vertraulichem Schulterklopfen, als würden sie sich schon lange kennen. «Na, großer Jäger», ließ sich Meto hören, «bist du heute nicht auf der Jagd? Willst du das Wild alt und zäh werden lassen, oder willst du, daß andere es jagen und den Ruhm ernten?»

Meto schien es nicht ganz ernst zu meinen, deshalb lachte Hano erst einmal und meinte dann nur: «Du siehst doch, das Wetter!»

«Ja, ja, wenn es regnet, ist das Wild unruhig und schwer aufzuspüren. Deswegen will ich dir auch Gesellschaft leisten.»

«Es ist schön, Meto, daß du mich besuchst. Ich möchte noch viel von eurem Stamm lernen.»

Dazu gab es in den nächsten Tagen genug Gelegenheit, denn es blieb naßkalt und neblig. Hano bekam beim Abschlagen von neuen Pfeilspitzen nicht nur von Meto, sondern auch vom jungen Federhand Besuch.

Bald legte er sich keine Zurückhaltung mehr auf und unterhielt sich fast so fließend wie ein Alteingesessener. «Es ist doch recht einsam hier für mich Fremden, der noch nicht richtig unter die Stammesgenossen aufgenommen ist», bemerkte er eines Morgens zu Meto.

«Laß doch den Kopf nicht gleich hängen», sagte Meto, «es wird gar nicht lange dauern, und du wirst eine Menge neuer Freunde finden, bei der Jagd und am Abendfeuer. Mit mir und dem jungen Federhand kommst du doch bestens aus.»

«Es müssen aber auch *wirkliche* Freunde sein, und nicht solche, die sich nur Freunde nennen und im günstigen Augenblick einem ihren Pfeil in den Rücken schießen.»

«Wie kannst du so etwas sagen, Hano! Kein ehrlicher Jäger wird einem anderen seinen Pfeil in den Rücken schießen.» Metos Worte klangen empört und vielleicht auch ein bißchen gekränkt.

Deshalb antwortete Hano: «Ein ehrlicher Jäger wie du wohl

nicht, Meto, aber ich zweifle daran, daß alle Jäger ehrlich sind. Wenn einer besser oder erfolgreicher als der andere ist, so könnte bald Neid erwachsen, und Neid ist etwas Böses. So mancher gute Jäger wurde schon durch einen Pfeil, der von hinten kam, getötet.» Nach kurzem Schweigen fuhr Hano, nicht ohne Hintergedanken, fort: «Ich weiß nicht, ob das bei euch schon vorgekommen ist, aber ich habe es schon erlebt.»

Meto blickte zu Boden. Er wußte wohl nicht so recht, was er sagen sollte. «Nun ja, es wurden auch bei uns schon Männer von hinten erschossen, aber die Mörder waren bestimmt nicht aus unserem Stamm.»

«Möglich, Meto, aber wir alle können einem Menschen nur ins Gesicht schauen, in sein Innerstes, da blicken wir nicht hinein.»

Für Meto war dieser Gesprächsverlauf sichtlich unangenehm. «Ich glaube jedenfalls nicht, daß es in unserem Stamm Mörder gibt. Aber mal was anderes. Du hast Boro noch nicht kennengelernt?» «Wer ist Boro?» fragte Hano.

«Du fragst, wer Boro ist», schmunzelte Meto. «Dann hast du ihn noch nicht gesehen. Ich sage dir, er ist ein großer Jäger und er hält sich wohl für den besten hier. Er ist auch der Sohn von Eus, dem Medizinmann. Ich bin gespannt, was er als Beute mitbringt, wenn er zurückkommt. Boro ist mit einigen Leuten Großwild jagen gegangen; das Wetter muß sie wohl aufgehalten haben.»

Hano merkte auf. Dieser Boro konnte ein gefährlicher Mann sein, auf den er achten mußte.

«Und warum bist du so gespannt, was Boro als Beute mitbringt?» wollte Hano wissen.

«Na ja», sagte Meto, «wir haben einen Elch erledigt, und wenn Boro uns übertreffen will, dann muß er schon einen Bären oder einen Ur erlegen.»

«Warum betonst du das so, Meto? Ist es bei euch immer so, daß einer den anderen übertreffen will? Ich finde es nicht gut so.»

«Du magst es nicht gut finden, aber du kennst Boro nicht. Er will doch immer der Erste sein, und wenn er es mal nicht ist, dann wird er böse.»

«Warum wird er böse?» fragte Hano.

«Ich will darüber nicht lange reden», meinte Meto, «aber ich glaube, daß Boro Stammesführer und Nachfolger seines Vaters werden will.»

Hano zupfte nachdenklich seine Haare am Kinn. Viele Gedanken auf einmal bedrängten ihn. Er sagte aber nur: «Gut, wenn er den Stamm führen will, dann muß er stark sein. Aber was noch viel wichtiger ist, er muß klug und weise sein.»

Meto lachte auf: «Du sprichst schlau. Boro ist aber nicht weise, er ist nur stark. Er darf sich stolz der Bärentöter nennen. Gewiß, er hat schon drei Bären erlegt, und ich will ihm nicht absprechen, daß er eine geschickte Hand hat. Aber sein Vater spielt seine Erfolge hoch, macht bei solchen Gelegenheiten immer gleich ein großes Dankesfest für die Geister. Ich bin wohl auch nicht der schlechteste Jäger, aber ich bin nicht wie Boro. Der nimmt bloß Jäger mit, die ihm den ersten Schuß lassen, damit seine Erfolge die größten bleiben.»

Hano hatte aufmerksam zugehört. Dieser Meto muß mehr wissen, als er sagt. Er traut sich wohl noch nicht so recht mit der Sprache heraus. Meto muß ins Vertrauen gezogen werden.

«Wie mir scheint», bemerkte Hano, «hältst du nicht viel von diesem Boro, aber du kannst ganz beruhigt sein, ich werde mit niemandem darüber sprechen.»

Meto war schweigsam geworden, hielt den Blick gesenkt und fuhr mit dem Finger über einige Ausbuchtungen der als Boden dienenden Steine. «Ich möchte gern wissen», brach es aus ihm heraus, «wie viele Bären du schon getötet hast.»

«Hm, ich bin diesem großen Bruder schon oft gegenüber gestanden. Ich weiß ja nicht, wie es dir dabei geht und ob du schon einen Bären erlegt hast. Ich jedenfalls habe vor diesem großen Bruder alle Achtung. Diese Spuren», dabei zeigte Hano seine Narben am linken Unterarm, «stammen auch von einem Bären, meinem ersten. Der hat mir die Fackel, mit der ich ihn aus der Höhle treiben wollte, mit einem Hieb weggeschlagen. Aber laß mich mal nachdenken, so viele waren es auch wieder nicht. Ich glaube...», und er zeigte dabei mit den Fingern die Zahl Sieben.

Meto sah gebannt auf die Finger.

«So viele? Hör zu, Hano, laß dies niemals Boro, den Bärentöter, wissen. Ich glaube, du hast jetzt genug erfahren.» Damit wollte Meto die Unterhaltung abbrechen.

Aber Hano bohrte noch mal nach: «Und was passiert, wenn Boro mit kleinerer Beute zurückkehrt?»

Meto, der schon am Gehen war, drehte sich um: «Ja, wenn Boro mit weniger zurückkommt und erfährt, daß du den Elch erlegt hast, dann, glaube ich, wird Boro dich hassen. Boro spricht nie viel, aber er handelt. Und was du vorhin gesagt hast, ich meine das mit dem Pfeil in den Rücken, nun, ich rate dir schon, ein wenig aufzupassen.»

«Wie meinst du das?» fragte Hano zurück.

«Ja, wie soll ich es meinen; es waren nur so meine Gedanken. Ich traue eben Boro nicht.»

Das sind bedeutungsvolle Worte, vielleicht lebenswichtig. Dieser aufrechte Jäger weiß sicherlich mehr. Ich werde schon noch was herausbekommen.

Meto sprang auf. Unten im Lager waren laute Rufe zu hören. «Los, Hano, komm mit, Boro muß zurückgekehrt sein. Es ist kein anderer auf der Jagd gewesen. Schauen wir, was er hat.»

Hano versuchte, Meto zu beschwichtigen, aber dieser ließ sich auf nichts mehr ein. «Du mußt jetzt mit runter, Hano! Du lebst auch hier im Tal, und es ist Brauch bei uns, daß sich alle versammeln, wenn jemand von der Jagd zurückkehrt. Wenn du weiter hier leben willst, mußt du diesen Sitten folgen. Jeder Jäger sähe es als Beleidigung an, wenn er bei der Rückkehr nicht von allen empfangen und gefeiert würde, und ich finde das auch gut so, denn es ist nicht immer selbstverständlich, daß einer auch wieder zurückkommt. Los komm, wir wollen sehen, was Boro mitgebracht hat.»

Es war auch schon der ganze Stamm vor den Hütten versammelt. Hano kannte nur wenige, doch allen war er, der dem Elch im Lauf seinen Pfeil ins Leben geschossen hatte, schon bekannt. Einige Frauen und Männer machten bereitwillig Platz, als Hano und Meto näher kamen. Sie bildeten eine Gasse, so daß die zwei bis zur vordersten Reihe des Kreises durchgehen konnten.

In der Mitte standen drei Männer sowie der Medizinmann. Als Beute hatten sie einen Keiler mitgebracht, ein starkes Tier, wie

Hano schnell abschätzte. Also hatten sie wohl keine große Herde aufgespürt.

Der kräftigste Jäger, das mußte Boro sein. Er hatte seine Lanze auf den Kopf des Ebers gesetzt. Den rechten Fuß fest auf den Nacken der Beute gestellt, machte er seine Ansprüche geltend.

Hano schaute sich diesen Boro genauer an. Der muß ungefähr so alt sein wie ich. Ein dichter Bart wuchert ihm im Gesicht, und eine wirre Mähne hängt ihm um den Kopf. Eine kräftige Gestalt mit einem wuchtigen Stiernacken. Er hat auch ziemlich genau meine Größe. Boro, den Bärentöter, darf ich als möglichen Gegner nicht unterschätzen. Diesmal hat es wohl nicht gereicht, heute ist er nur Boro, der Schweinetöter.

Ein verschmitztes Lächeln zeigte sich in Hanos Gesicht. Meto stieß ihm in die Seite. Mit einem Anflug von Grinsen zeigte er nur kurz auf den Kopf des Keilers und nickte. Er gab kein Wort von sich, aber seine Augen verrieten alles.

Gelassen blickte Hano auf den Sohn des Medizinmannes. Dieser sagte schnell etwas zu seinen zwei Getreuen. Beide wandten ruckartig die Köpfe und sahen den fremden Jäger neben Meto stehen. Boro redete auch kurz mit seinem Vater und deutete dabei in Hanos Richtung. Eus gab nur eine kurze Antwort und drehte sich dann weg, um in seine Hütte zu gehen. Boro und seine Getreuen folgten dem großen Meister. Er würde seinem Vater sicher einige Fragen stellen, denn was Hano in seinen Augen gesehen hatte, war nicht gerade ein Ausdruck von Freundlichkeit gewesen.

Unterdessen hatte einer von Boros Jagdgefährten Feuer aus einer Hütte geholt, und vier Männer kamen mit langen Holzstangen daher. Die Stangen wurden so weit auseinander auf die Erde gelegt, daß das erlegte Tier darauf gebreitet werden konnte, ohne daß es durchfiel. Als die Flammen des neuen Feuers hochschlugen, wurden die Stangen mitsamt dem Keiler hochgehoben und über das Feuer gehalten. Bei den Trägern traten deutlich die Armsehnen hervor. Geschickt wurden die langen Hölzer so hin und her geschwenkt, daß sie nicht gleich verbrannten. Das Schwein aber, das darauf lag, bekam vom Feuer die Borsten abgesengt.

Die Stangen wurden dann wieder hingelegt, und die Träger

drehten das Tier, damit auch die andere Seite dem Feuer ausgesetzt war. So wiederholte sich die Prozedur, bis keine Borste mehr zu sehen war. Erst dann machten sich die Leute daran, das Schwein in seine einzelnen Teile zu zerlegen. Mit den langen Kanten der Steinmesser wurden die Läufe genau in den Gelenkkapseln abgetrennt. Aufgebrochen und ausgenommen war der Keiler ja schon, denn das war die Pflicht eines jeden Jägers. Herz und Leber wurden meist auch sofort verzehrt. Es gab nicht wenige unter den Jägern, die das Herz, solange es noch warm war, roh aßen. Dies sollte stark machen. Das Gehirn wurde meist dem Medizinmann dargebracht.

Das Schwein war nun in viele Stücke zerschnitten, die, auf lange Stöcke gespießt, übers Feuer gehalten wurden. Dabei wurde viel erzählt und gelacht. Die Kinder tanzten in froher Erwartung rund ums Feuer. Das Leben war wieder schön – neue Nahrung war da! Der ganze Stamm nahm an dem kleinen Fest teil.

Hano und Meto hatten sich etwas abseits vom Feuer niedergelassen. Hano wollte erst gar nicht dableiben, aber sein Freund hatte auf ihn eingeredet.

Das ist schon ein anderes Zusammenleben hier. Aus jedem größeren Fang machen sie gleich ein Fest. Bei uns ist das nur geschehen, wenn wir zusammen den Rentier- oder Pferdeherden oder auch einer vorüberziehenden Horde Auerochsen nachgestellt haben. Sonst hatte jede Hütte ihr Feuer für sich. Aber dieser Brauch hier gibt mehr Zusammenhalt.

Nicht weit von Hano hatten sich mehrere Frauen versammelt. Kinder sah er nicht bei ihnen. Wie er sie einschätzte, waren es gewiß Frauen, die keine Männer mehr hatten. Er merkte auch, daß ihre Blicke oft zu ihm herüberschweiften.

Sieht aus, als redeten sie von mir. Da lachen sie laut los. Ich möchte wissen, was es Lustiges über mich zu sagen gibt.

Hano versuchte, mit Meto ein Gespräch anzufangen, aber der holte gerade seine Frau an ihren Platz. Als die beiden sich wieder zu Hano hingehockt hatten, bemerkte Meto nur: «Siehst du, schon passiert. Wir haben einen Elch erlegt, er aber nur einen Keiler. Und sicher weiß er schon, daß du der Schütze warst.» Hano zuckte nur mit den Augenbrauen.

Da stand Boro auch schon neben ihm. Er redete gleich los: «Wie mein Vater erzählt, haben ein paar unserer Jäger dich mitgebracht.» Hano war hocken geblieben und schaute von unten zu Boro empor.

Er kam gar nicht dazu, etwas zu erwidern, denn Boro fuhr schon fort: «Du warst unten am Fluß, als sie dich stellten. Ich weiß schon die ganze Geschichte, auch daß du einen Elch geschossen hast, mitten durchs Herz. Es gibt nur wenige Jäger, die das mit dem ersten Schuß können. Doch manchmal hat auch ein weniger guter Schütze Glück und trifft.» Hano konnte den Hohn in Boros Worten gar nicht überhören, aber er wollte keinen Streit.

Doch ganz konnte er sich eine Antwort gegenüber dem überlegen grinsenden Schweinetöter nicht verkneifen. «Gewiß gibt es nur wenige Jäger, die das beherrschen. Die Jagd besteht zum großen Teil aus Glück. Aber die Erfahrung ist ebenso wertvoll, und nur, wer beides miteinander vereint, wird auch Erfolg haben.»

Darauf wußte Boro keine Antwort. Er zuckte nur mit der Schulter. «Du hast dir schon eine Hütte eingerichtet, habe ich gehört. Wir wollen in den nächsten Tagen einmal gemeinsam auf die Jagd gehen.» Boros Ton wurde wieder herablassend: «Du bist zwar noch nicht voll in den Stamm aufgenommen, aber du kannst dich anschließen.»

Diesmal war es Hano, der mit der Schulter zuckte: «Wenn ich kann, warum nicht.» Das erste Auftreten des großen Jägers nötigte ihm noch keinen Respekt ab. Es war auch alles andere als freundschaftliches Entgegenkommen.

Boro mußte noch mehr den Wissenden spielen. «Jetzt sind die Tage am wärmsten. Wir brauchen viel Fleisch für den Winter. Vor allem die Frauen und die alten Männer, die nicht mehr selbst jagen gehen können, müssen jetzt vorsorgen. Der Winter ist immer eine harte Zeit. Da hat jeder Jäger mit sich selber zu tun und kann nicht noch Fleisch für so viele andere hungrige Mäuler besorgen. Also müssen wir jetzt die Vorräte beschaffen. Ich wollte es dir nur sagen, damit du Bescheid weißt. Nicht daß du dich hinterher sträubst, dein erlegtes Wild abzugeben.» An dieser Stelle machte er eine kurze Pause, um noch mit höhnischem Nachdruck hinzuzufügen: «Falls du zum Schuß kommst.»

Hano konnte diese Verachtung nicht länger ertragen, aber er wurde davor bewahrt, etwas Unvorsichtiges zu sagen, da es nun daran ging, das gebratene Fleisch zu verteilen. Hano fiel es auf, daß zuerst die alleinstehenden Frauen und die Alten an die Reihe kamen. Aber jeder bekam einen Teil, auch Hano. Es war zwar nur ein kleines Stück Fleisch, aber ein paar Frauen waren zum Feuer getreten und hatten mehrere Felle voll roter Wurzeln und Sauerampferblätter zur Ergänzung der Mahlzeit ins Gras geschüttet.

Genüßlich schmatzend verzehrte jeder in Ruhe seinen Anteil. Meto, der sich wieder zu Hano gesellt hatte, bemerkte nur zwischendurch: «Siehst du, jetzt hast du erlebt, wie Boro dich begrüßt hat.»

Hano antwortete nicht darauf, sondern aß langsam weiter. Seine Blicke wanderten hinüber zu der Frauengruppe. Da ist eine darunter, die erinnert mich an jemand, aber an wen nur? Kann ich sie schon einmal gesehen haben? Wer ist diese Frau? Ich kann die Augen nicht von ihr abwenden. Jetzt schaut sie auch her. Ich kann mir nicht helfen, aber dieses Gesicht kenne ich.

Er stieß Meto leicht an. Der grunzte kurz, er hatte den Mund voller Fleisch. «Meto», sagte Hano leise, «wer ist diese Frau da drüben, die ihre hellbraunen Haare so auf die eine Seite geschlagen hat, die dort, die da grad herüberstarrt?«

«Welche meinst du?» Meto schaute genauer hin. «Ach die, das ist Usi. Keiler war ihr Mann.»

Usi war aufgestanden. Sie ging hinüber zu den Hütten. Hano folgte ihr mit seinem Blick, solange er konnte. Auch er wollte jetzt gehen. Er hatte Lust, sich zeitig in sein Nachtlager zurückzuziehen. Morgen wollte er ganz früh noch einmal allein auf Streifzug gehen. Aber im Weggehen holte ihn noch Federhand ein, der ihn fragte, was er am nächsten Tag unternehmen wollte.

Hano blieb stehen. «Morgen früh, Federhand, will ich jagen gehen. Ich brauche Felle für meine Hütte. Willst du vielleicht mitkommen? Du mußt aber früh auf den Beinen sein.»

Federhand, dem erst ein bißchen Flaum im Gesicht sproß, war hellauf davon begeistert. «Selbstverständlich werde ich dasein, wenn du mich einlädst. Ich hab' mir vorgenommen, auch ein so guter Jäger zu werden wie du. Ah, das wird was geben.»

Große Beute

Am anderen Morgen, der Tag fing gerade an zu grauen, stand Federhand schon vor Hanos Behausung. Hano sah sich im fahlen Licht den jungen Gefährten an. Auf den ersten Blick sah er, daß Federhand nur halb bewaffnet war. Er trug einen Bogen bei sich, aber keine Lanze.

«Du bist nicht gut ausgerüstet. Wo hast du deine Lanze? Ein jeder Jäger hat zwei Hände und hat immer zwei Waffen dabei.»

Federhand wand sich etwas: «Weißt du, ich dachte, du hast ja deine Lanze dabei.»

«Federhand, zwei Lanzen sind immer besser als eine. Und daß zwei Jäger besser und erfolgreicher sind als einer, wenn sie sich gegenseitig mit ihren Waffen beistehen, müßtest du auch wissen. Meine Lanze könnte ja brechen.»

«Deine Lanze bricht schon nicht», entgegnete der junge Jäger. «Ich habe noch keine Lanze aus so festem Holz gesehen. Sie ist so gewaltig; ich habe mir eine solche Waffe noch nicht zurichten können. Wirst du jetzt alleine in die Berge gehen?» kam noch die verzagte Frage Federhands.

«Paß auf!» Damit verschwand Hano noch einmal in seiner Hütte. Er kam mit einer fertig geschärften Lanzenspitze wieder heraus. «Wenn wir einen geeigneten jungen Baum finden, werde ich dir zeigen, wie eine feste Lanze zu machen ist. Steck sie dir gut ins Fell.»

Als die ersten Sonnenstrahlen die Bergspitzen streiften, strebten die beiden Jäger den Hügeln zu. Federhand sagte erleichtert: «Ich bin froh, daß du mich mitnimmst, denn mit Boro durfte ich noch nie zusammen jagen. Die Leute, mit denen ich gehen durfte, haben nicht so gut getroffen, außer Meto vielleicht. Also woher soll ich ein guter Jäger werden, wenn ich keinen guten Lehrer finde?»

Hano hörte sich schweigend die Worte an. Dieser Jäger hier, den ich nun mitgenommen habe, ist in Wirklichkeit noch ein großes Kind. Doch Federhand vertraut mir, und ich möchte aus ihm noch einen brauchbaren Jäger machen. Eigentlich eine willkommene neue Aufgabe. Als Toore aufgetaucht ist, hab' ich doch auch davon geträumt, ein großer Jäger zu werden. Und Toore hat mich schon bald mitgenommen und vor Fehlern bewahrt. Ein Jäger darf sich keinen groben Fehler erlauben, es könnte sein letzter sein.

Während sie noch auf dem Weg zu dem Nebental waren, das sie in die Berge führen sollte, fing Federhand zu fragen an: «Sag mal, Hano, willst du dir vor dem Winteranfang nicht eine größere Hütte anlegen? Jeder große Jäger muß eine geräumige Hütte haben; es wäre unter seiner Würde, anders zu wohnen.»

«Die meisten im Stamm kennen ja meine Jägerwürde, wie du es nennst, noch nicht. Die jetzige Hütte wird diesen Winter schon ihren Dienst tun», antwortete Hano.

«Es könnte aber sein, daß du dir eine Frau nimmst, damit du auch richtig hier zu Hause bist. Wo soll die dann Platz haben?»

Hano mußte über diese eifrige Frage schmunzeln. «Ich will keine Frau mehr. Sie bringen auch nur Unglück», fügte er spöttisch hinzu.

Das war etwas, was der junge Federhand überhaupt nicht verstehen konnte. «Wie, ein so starker Jäger wie du will keine Frau bei sich haben? Ich werde mir, sobald ich genügend Beute heimbringen kann, sofort eine Frau suchen. Ich weiß doch von Meto und den anderen, wie herrlich das ist, eine Gefährtin in der eigenen Hütte zu haben. Und ich weiß auch schon, wen ich mir hole. Außerdem stellt sogar Boro noch den Frauen nach. Er hat aber noch nie eine für immer in seine Hütte bringen können. Aber weil er unter dem Schutz seines Vaters steht, glaubt er, er kann mit den alleinlebenden Frauen machen, was er will!» Federhands Züge waren richtig von Haß verzerrt.

Das ist ja sehr bemerkenswert. Schon wieder taucht dieser Name Boro auf, und Federhand ist ihm offensichtlich auch nicht gut gesinnt. Freilich hat der junge Kerl andere Gründe als ich.

«So, Boro bekommt keine Frau in seine Hütte», bemerkte Hano eher nebenbei.

«Ja, ja, selbst die Usi nicht, die schon einige Winter ohne Mann ist, seit Keiler von fremden Jägern getötet worden ist.»

«Hier sind Fremde eingedrungen und haben den Mann von Usi getötet?» wollte Hano wissen.

Federhand nickte: «Ja, es war aber wohl nur einer, hat uns Boro erzählt, der Keiler nach ein paar Tagen gefunden hat.»

Jetzt heißt es aufmerken, Hano. Dieser junge Bursche weiß ja allerhand zu berichten, und er ist nicht so wortkarg wie Meto. Sollte Toore hier etwa den Namen Keiler...

Doch gleich fesselte am Bachlauf etwas anderes Hanos Aufmerksamkeit. Zwischen den jungen Weiden am Ufer sah er etwas Braunes. Sofort erwachte sein Jagdinstinkt, und er trat vorsichtig auf. Federhand folgte gleich seinem Beispiel. Beim Anschleichen bemerkte Hano aber, daß sich das vermeintliche Wild nicht bewegte.

Direkt vor dem sprudelnden Wasser lag ein verendetes Reh. Es hat sich anscheinend in den Weidenzweigen verfangen und ist nicht mehr losgekommen. Das muß schon seltsam zugegangen sein.

Da hörte Hano Federhands Stimme hinter sich. «Ach, das ist Krüppel gewesen. Der hat sich auch wieder etwas gefangen.»

Hano schaute sich verständnislos um. Federhand sprach gleich weiter. «Krüppel hat sich eine Falle ausgedacht für kleineres Wild, wo er nicht mehr mühsam eine Grube ausheben muß. Der wird sicher gleich daherkommen und seine Beute holen.»

«Wie ist er darauf gekommen?»

«Ja, der hat das Unglück gehabt, gleich bei der ersten Jagd verletzt zu werden. Seitdem hat er seinen Namen weg. Das war bei der Wisentjagd. Da ist so ein Tier aus der aufgescheuchten Herde über ihn drüber getrampelt und hat ihm den Fuß zerschmettert. Er hat es überlebt, konnte aber mit dem verkrüppelten Fuß nicht mehr bei der Jagd dabeisein. Dann hat er sich das mit den Weidenruten ausgedacht.»

Hano besah sich die Zweige genau, in die sich das Reh verfangen hatte. Einige waren in einen Ring verschlungen, der zwischen zwei noch biegsamen Weiden hing. Mit seinen Anstrengungen, sich wieder zu befreien, hatte das Reh die jungen Stämmchen so gebogen, daß der Ring um seinen Hals nur noch enger gezogen wurde. Hano sah so eine Vorrichtung das erste Mal in seinem Leben.

Er empfand Achtung vor diesem Krüppel. Weil er seine Beine nicht mehr richtig gebrauchen konnte, hatte er seinen Geist angestrengt. Die Not hatte ihn erfinderisch gemacht.

«Gut, lassen wir dem Krüppel seine Beute. Ich würde mit ihm ja gerne reden, aber wir müssen noch weiter», meinte Hano.

Der Einstieg in das Nebental war bald erreicht. Ganz in Gedanken versunken stieg Hano nach oben. Federhand folgte treu seinen Schritten. Auf einmal hatten sie ein Geröllfeld vor sich, und Hano mußte sich erst einmal wieder umblicken, wie sie am sichersten weitergehen konnten. Von Wild gab es hier keine Spur, nur hoch oben in der Luft schwebte ein Adler.

Hanos Gesicht leuchtete auf. «Der hat es gut da oben», sagte er zu Federhand. «Wieso?» fragte der.

«Schau ihn dir doch an. Der ist hoch oben und kann mit seinen scharfen Augen alles sehen, was unten auf der Erde sich bewegt. Der hat es besser als wir. Wir laufen hier durch die Berge und müssen vorsichtig dem Wild nachstellen. Er aber kann aus großer Höhe gleich alles überblicken. Ja, der Adler, das ist mein Tier.»

Noch etwas sah Hano, direkt über dem nächsten Hang. Am blauen Himmel waren drei Lämmergeier aufgetaucht. Wo diese Aasfresser erschienen, mußte irgendwo ein Kadaver liegen.

Hano schlug die Richtung ein, in der die Geier kreisten. Federhand folgte ihm, ohne zu fragen.

So zogen sie weiter. Sein Gefährte wollte wieder ein Gespräch anfangen, doch Hano unterbrach ihn gleich: «Sei ruhig, wir befinden uns jetzt auf der Jagd.»

Federhand schaute Hano etwas verwundert an: «Wieso? Hast du etwas gesehen?»

Hano gebot ihm noch einmal zu schweigen. Das Gelände hier war sehr wellig und unübersichtlich, von Felsbrocken und dornigem Gebüsch übersät. Doch plötzlich blieb Hano stehen. Sein geschultes Ohr hatte etwas gehört. Noch vorsichtiger tappten sie weiter, jeden Schritt bewußt setzend. Hano mußte zugeben, daß Federhand das schon gut beherrschte. Nach ein paar Schritten blieb er wieder stehen und horchte. Jetzt war er sich dessen sicher, was er gehört hatte.

Er beugte sich nah zu dem Burschen an seiner Seite: «Paß auf. Ich glaube, wir werden gleich auf einen Bären stoßen.» Mit seiner Lanze deutete er nach vorn zu einem etwa mannshohen Felsrücken.

Vorsichtig stemmte er sich an einem Vorsprung hoch, wobei er darauf achtete, daß die Lanze nicht an das Gestein stieß. Hano hatte richtig vermutet. Hinter dem Felsgürtel war der große Bruder.

Der Bär hatte die zwei Jäger noch nicht bemerkt. Er tat sich gütlich an einem toten Fuchs.

Erst als die beiden an seiner Seite hinuntersprangen, nahm der Braunpelz sie wahr. Er drehte sich gleich zu ihnen um und gab ein paar brummende Laute von sich. «Wenn er sich aufstellt, müssen wir beide zu gleicher Zeit schießen und versuchen, das Herz zu treffen», sagte Hano schnell zu Federhand, der sich sehr zaghaft an die Felswand drückte.

Hano machte einen forschen Schritt nach vorn und legte seine Lanze neben sich. Schnell war der Bogen erhoben. Jetzt richtete sich das massige Tier halb auf. Hano schoß seinen Pfeil als erster ab, Federhands Bogen sang gleich darauf. Beide hatten gut getroffen. Der Bär zuckte zusammen. Zornig vor Schmerz brüllte er auf und zerbrach mit seiner Tatze auf einen Schlag die zwei Halme, die ihm in den Pelz gefahren waren, bevor er wieder auf alle viere fiel. Jetzt griff er seine Peiniger an. Hano hatte schon den Bogen hinter sich geworfen und die Lanze ergriffen, denn er wußte, selbst mit zwei Pfeilen war dieser große Bruder schwer zu bezwingen.

Schnell rief er noch Federhand zu: «Wenn er sich wieder aufstellt, schieß den nächsten Pfeil ab.» Der junge, mittlerweile sehr bleich gewordene Jäger war schon dabei, mit seinen feingliedrigen, etwas zitternden Fingern wieder den Bogen zu spannen.

Nun kam der typische Angriff eines Bären. Wenn er nahe genug an seinem Opfer war, richtete er sich auf, um sich mit seinem ganzen Körpergewicht auf den Gegner zu werfen. Diesen Augenblick mußte ein geschickter Jäger nutzen und zustechen, sonst war er die längste Zeit ein geschickter Jäger gewesen. Niemals durfte er die Lanze schleudern, denn das könnte ebenso ins Auge gehen.

So wartete Hano auf den richtigen Zeitpunkt und stieß dann kraftvoll zu. Die ganze Spitze und noch ein Stück vom Schaft drangen dem Bären in die Brust. Schmerzvoll brüllte der Bär auf und taumelte zur Seite.

Hano versuchte, die Lanze aus der Brust des massigen Tiers zu ziehen, um ein zweites Mal zustoßen zu können. Doch dabei brach das Ende an der Steinspitze im Körper ab. Jetzt konnte er mit seinem langen Stab nur noch auf die Augen zielen, um den Bär von einem zweiten Angriff abzulenken.

Hano hielt den Schaft seiner Lanze zum Zustoßen bereit. Der Bär versuchte, sich wieder aufzurichten, da holte Hano zu seinem Kopfstoß aus. Aber der mächtige Geselle hatte seine Tatze schon so weit erhoben, daß er mit einem Schlag dem Angreifer die letzte Waffe aus der Hand schleuderte. Federhand stieß einen Schreckensschrei aus.

Der Bär kam aber nicht mehr dazu, sich aufzurichten. Er hatte ja die lange Steinspitze noch tief im Körper stecken. Gewaltig schoß das Blut aus der Wunde. Seine Beine knickten ein. Da lag er nun. Seine Glieder zuckten noch, doch der Tod hatte schon zugeschlagen. Dies alles war so schnell gegangen, daß Federhand nicht einmal mehr Zeit hatte, seinen zweiten Pfeil anzubringen.

Federhand kam zaghaft näher. Ihm fehlten die Worte. Er schaute erst auf den toten Bären, dann auf Hano.

Endlich schien er begriffen zu haben, was geschehen war. Er stieß einen wilden Schrei aus und schlug Hano auf die Schulter.

Auch Hano ließ mit einem kräftigen Laut aus der Tiefe seiner Brust die Anspannung entweichen, und er warf den Stab, der seine Lanze gewesen war, hoch in die Luft. Langsam ging er dann auf den Bären zu.

«So etwas sehe ich das erste Mal», sagte Federhand atemlos. «Und wie schnell du den Bären getötet hast. Ich hatte nicht einmal die Zeit, meinen zweiten ...»

«Ist ja alles noch einmal gutgegangen», beruhigte Hano seinen Freund. «Aber sieh meine Lanze an. Ich hatte Glück, daß ich so gut getroffen habe. Sonst wäre es jetzt aus. Es hätte kein zweites Mal gegeben. Hoffentlich hast du was daraus gelernt. Eine zweite Lanze hätten wir jetzt dringend gebrauchen können.»

Federhand nickte nur schuldbewußt mit dem Kopf.

Sie drehten den Bär gemeinsam auf die Seite. Es war schon ein gewaltiger Bursche. Beide hatten sie ihr Messer gezogen und schlitzten dem Bären den Bauch auf. Hano fischte sich gleich die Lanzenspitze aus dem blutigen Fleisch, während Federhand die Innereien herausholte.

Der Platz war gut für ein Feuer. Weil der Tag noch nicht weit fortgeschritten war, konnten sie die schmackhaften Organe braten und sich erst einmal die Kraft des Bären einverleiben.

Dann fingen sie an, das Tier aus dem Pelz zu schälen. Das war gar nicht so einfach, denn dieser große Bruder hatte ein ganz schönes Gewicht. Hano brauchte nur diesen Pelz für den Winter. Er war im Augenblick mehr wert als all das Fleisch, das dieser Bär an sich hatte.

«Was machen wir jetzt mit dem Fleisch?» wollte Federhand wissen.

«Ich glaube, es ist das beste, wenn du aufbrichst und einige Männer aus dem Dorf holst. Du bist ja lange vor Dunkelheit wieder hier. In der Zwischenzeit, glaube ich, kann ich mich nach einem geeigneten Baum für neue Lanzen umschauen.» Federhand strahlte. Er machte sich auch gleich auf den Weg.

Hano ging derweil den Hang noch etwas höher hinauf, und richtig, da standen verstreut einige junge Eschen. Das war das richtige Holz. Seine lose Lanzenspitze konnte er jetzt dafür hernehmen, zwei der geradesten Stämme umzuhauen.

Als er dabei war, die Eschen an den Platz zu schleppen, an dem der tote, gut mit Laub bedeckte Bär lag, hörte er schon die Jäger vom Dorf kommen.

Bald war er umringt von johlenden und schreienden Gesellen, die ihm immer wieder auf die Schulter schlugen. Die Jagd war ihr Leben, denn alles, aber auch alles, drehte sich bei den Männern um die Fleischbeschaffung. Ein erlegter Bär, das kam nicht alle Tage vor; deshalb war die Begeisterung besonders groß.

Federhand trat zu ihm. «Ich hab' es gleich auch Eus erzählt, daß wir oben in den Bergen einen Bären erlegt haben. Aber es hat ihn kaum gefreut, daß du wieder große Beute gemacht hast. Auch Boro habe ich getroffen, aber der hat nur die Schulter gezuckt und ist in die Hütte seines Vaters gegangen.» Sehr grimmig stieß der junge Bursche die Worte aus.

Hano ließ sich nicht beeindrucken. Es sind ja genügend Jäger hochgekommen, um mir zu helfen, das niedergestreckte Tier hinunter zu den Hütten zu schaffen. Und keiner von denen hat mich neidvoll angeblickt wegen des gelungenen Fanges. Die meisten Stammesangehörigen sind nicht gegen mich. Nur dieser Boro!

Hano nahm Federhand beiseite und deutete auf die frisch gefällten Stämmchen, die er an die Felswand gelehnt hatte. «Da werden wir uns neue Lanzen draus machen. Aber zuerst sollen uns die Stangen dazu dienen, das Fell des Bären mit seinem Kopf daran leichter ins Tal zu schaffen. Komm, faß an, wir laden uns die Stangen mit dem Fell auf die Schultern.» Mit Feuereifer ging der junge Bursche ihm zur Hand.

Mittlerweile hatten die anderen Jäger den Bärenkörper auf ein geflecktes großes Wisentfell gebettet, das rechts und links auch um zwei kräftige Stangen gebunden war. Je zwei Männer schleiften die Stangen hinter sich her, während ein weiterer das überstehende Ende der Unterlage hinten hochhielt, damit die Masse Fleisch in der Schräglage nicht herausrutschen konnte. So wurde die Beute unter rhythmischen Kommandorufen über den sehr unebenen Hang zu Tale geschafft.

Im Lager warteten schon alle auf die Ankunft des Trupps. Es herrschte große Aufregung! Sogar ein Feuer war schon entfacht.

Eine große Schar Männer, Frauen und Kinder lief ihnen schon entgegen und umringte sie. Die Alten und die Frauen klatschten in die Hände, während Hano noch von vielen Jägern der übliche Schlag auf die Schulter als Glückwunsch verpaßt wurde.

Rivalen

Eus, gefolgt von Boro, trat auf Hano zu. Er schaute ihm voll ins Gesicht, dann schlug er ihm ebenfalls pflichtgemäß mit der rechten Hand auf die Schulter. «Du bist dem Bären mutig entgegengetreten und hast gezeigt, daß du ein großer Jäger bist. Es kann sein, daß du dich als unseres Stammes würdig erweist», sagte er dazu.

Dieser Medizinmann ist mir immer noch nicht gewogen. Er hat seinen Lobesspruch nur mit großer Überwindung hervorgebracht.

Da trat Boro vor. «Ich selbst habe schon mehrere Bären getötet und weiß, daß dazu viel Mut gehört. Aber was soll ich lange Worte machen. Mein Vater hat ja schon alles gesagt. Das Fleisch soll an die Alten und alleinstehenden Frauen verteilt werden. Dieser Bär ist der Anfang für den Wintervorrat.»

Mit den wenigen Worten hatte sich Boro in den Mittelpunkt gestellt. Hano konnte nichts dagegen sagen, denn er war im Grunde mit der Art der Verteilung einverstanden. Also zog er sich aus dem Kreis zurück. Er betrachtete alles mit einer nach außen hin gezeigten Gelassenheit. Doch innerlich war er sehr aufgewühlt.

Meinen Bär fängt Boro nun an zu verteilen, tut ganz so, als hätte er den großen Bruder erlegt. Aber wie kann ich gegen den neiderfüllten Sohn und seinen mißgünstigen Vater auftreten, ohne wieder aus dem Tal der schwarzen Wölfe verjagt zu werden? Ich weiß, ich habe hier eine Aufgabe vor mir, die noch lange nicht gelöst ist. Im Augenblick darf ich mir einfach nichts anmerken lassen. Boro scheint nur auf eine Gelegenheit zum Streit zu warten. Genau diesen Gefallen will ich ihm nicht tun.

Leise knirschte Hano mit den Zähnen.

Seine etwas aufgebrachten Gedanken waren wie fortgeblasen, als er die Frau mit den dichten, langen Haaren wieder unter der Gruppe erkannte, an die das Fleisch verteilt wurde. Meto hatte sie

Usi genannt, und Keiler soll ihr Mann gewesen sein. Wieder betrachtete er sie eingehend und wurde das Gefühl nicht los, sie sei ihm irgendwie vertraut. Woher nur kannte er diese Frau? Ihre Bewegungen, ihre ausladenden Hüften, ihre schön gerundete Stirn und ihre Haarfarbe brachten ihm plötzlich Isi in den Sinn.

Ja, sie hat große Ähnlichkeit mit Isi! Usi, Isi. Seltsam, wie die Namen sich doch gleichen. Aber nicht nur das. Im Aussehen und in der Gangart gibt es so starke Übereinstimmungen. Halt, hat Isi nicht mal was von einer älteren Schwester erzählt? Meto muß mir nähere Auskunft geben.

Usi ging mit dem Fleisch, das sie bekommen hatte, zu ihrer Hütte. Hano verfolgte sie mit seinen Augen, bis sie seinem Blick entschwunden war. Langsam erhob er sich. Das Bärenfell mußte noch zu seiner Hütte raufgeschafft werden.

Federhand half ihm beim Transport und versprach, am nächsten Tag wiederzukommen, um dabei zu sein, wenn die neuen Lanzen fertiggestellt werden sollten. Hano gab ihm gleich den Auftrag, vom Talausgang etwas Birkenharz mitzubringen.

Viel Arbeit stand Hano bevor. Doch bis er ins Land der Träume wechselte, mußte er noch an Usi denken ...

Federhand kam, als Hano schon eine neue Steinspitze für seine Lanze ausgesucht hatte. Von dem weißen, etwas glänzenden Stein hier ließen sich nur sehr mühevoll die feinen Splitter abschlagen, aber dafür war die Spitze dann unverwüstlicher.

«Das ist ein viel besseres Material, als ich es aus den Jagdgründen meines Stammes kenne», meinte Hano zu Federhand, auf seine neue Spitze zeigend. «Jetzt müssen wir sie gut am Schaft befestigen. Hast du Harz mitgebracht?»

Federhand hielt ihm zwei gefüllte ausgehöhlte Schilfrohre entgegen.

Während sie damit beschäftigt waren, mit einem Keil einen nicht zu großen Schlitz in die am Vortag gefällten und entborkten Stämmchen zu schlagen, um die Steinspitzen hineinzutreiben und dann das Ganze mit Harz zu verkleben, erschien Meto.

«Na, großer Elch- und Bärentöter», begrüßte ihn Meto und blickte von den beiden auf zum Elchgeweih, das die halb wiederhergestellte Hütte krönte. «Du legst dir eine neue Lanze zu?» Er streckte seine Hand nach der neuen Waffe aus.

Hano reichte sie ihm lachend. «Ja, und Federhand kriegt auch ein gutes Stück. Damit wir für die große Jagd gerüstet sind.»

Meto befühlte sorgfältig die Lanzenspitze und pfiff dann anerkennend durch die Zähne. Er wog das neue Stück auch in seiner Hand ab. «Sie ist scharf», sagte er. «Ein tödliches Ding für jeden Bär. Sie wird hoffentlich bald zum Einsatz kommen können, wenn wir alle mit Boro losziehen. Aber gebrauche diese Lanze auch klug.»

«Ich weiß schon, was du meinst», antwortete Hano. «Ich soll Boro nicht weiter herausfordern. Boro will sich bei dieser Jagd sicher selbst bestätigen; den Spaß kann ich ihm lassen. Aber wenn sich mir die Gelegenheit zum ersten Schuß bietet, kann ich sie nicht ungenützt lassen. Das hieße ja, die Geister beleidigen, die mir das Wild zutreiben. Aber ich bin nicht böse, wenn das Glück auf Boros Seite ist.»

Weil seine beiden Freunde da waren, wollte Hano noch etwas anderes erfahren. Deshalb versuchte er, das Gespräch in eine neue Richtung zu lenken. «Sagt mal, ihr beiden, trefft ihr bei den großen Jagden auch auf andere Stämme?»

«Wie kommst du jetzt darauf?» wollte Meto wissen, der ein Ende des Bärenfells strammhielt, damit Hano mit seinem Schaber die letzten Fleischreste abkratzen konnte.

«Ich mußte nur gerade an Keiler denken, der aus nächster Nähe erschossen worden ist.»

«Das ist aber schon lange her», ließ sich Federhand vernehmen.

Meto schaute auf den jungen Jäger. «Hast du ihm das mit Keiler erzählt?»

Federhand sah den Freund etwas ertappt an und senkte den Kopf.

Meto sprach wieder Hano an: «Vor vielen Wintern ist das passiert, ja. Wir haben nie herausbekommen, wer diese Feinde waren und wo sie herkamen.»

Aufmerksam blickte Hano in Metos Gesicht. Dann fragte er: «Gehörte Keiler schon immer zu eurem Stamm, oder war das auch ein Fremder, der zu euch gestoßen ist?»

Sofort zeigte sich Meto betroffen. Er ließ sogar das Fell los, beugte sich zu Federhand hinüber und zog ihn in plötzlichem Grimm zu sich. «Hast du deine Zunge wie einen Fluß rauschen lassen und gar die Geschichte von Toore erzählt?»

Jetzt endlich fällt der richtige Name. Jetzt habe ich die beiden dahin gebracht, worauf ich hinauswollte. Also ist Keiler nicht Toore gewesen. In diesem Tal spielen sich ja einige Geschichten ab, denen ich möglichst schnell auf die Spur kommen muß. Nur mein Wissen darf ich nicht preisgeben.

Hano ließ die Augen nicht mehr ab von den beiden Streitenden. Federhand wehrte sich und sagte: «Laß mich los, Meto. Ich hab den Namen nicht über meine Lippen kommen lassen.»

«Aber Meto hat ihn jetzt genannt», schaltete sich Hano ein. «Das war wohl ein Fremder?»

Meto gab es zu. «Er kam aus einem anderen Land, irgendwo aus der langen Nacht, dort wo die Erde von Schnee und Eis bedeckt ist, so wie es vor Generationen hier gewesen sein muß, bevor unser Stamm herzog.» Meto sah wohl ein, daß er dem neuen Jagdgefährten nichts mehr verheimlichen konnte. Sein Blick wurde deshalb wieder heller, als er weitererzählte. «Wenn ich ehrlich sein soll, dieser Fremde war ein besserer Jäger als wir alle zusammen. Er verstand eine ganze Menge von der Jagd, aber von Frauen verstand er nichts.»

«Wie meinst du das?» fragte Hano begierig.

«Ach weißt du, die Usi, dem Keiler seine Frau, die hätte Toore wohl gerne genommen, aber er wollte nicht, obwohl er bei uns ganz gut aufgenommen war. Usi war ja schon einige Zeit alleine. Alle hier im Stamm glaubten, daß die schlechte Zeit für sie bald vorbei wäre, denn Toore hat sie des öfteren besucht und sie sogar mit Fleisch versorgt. Ich hab' auch geglaubt, daß die zwei zusammenziehen würden. Doch dann hat sich Toore wieder zurückgezogen. Ich glaube, er wollte keine Frau mehr.»

«So wie du», platzte Federhand heraus, «du machst dir die Hütte auch nicht größer als Toore.»

Meto warf einen überraschten Blick auf den jungen Stammesgenossen und hatte schon wieder eine Zurechtweisung auf den Lippen, aber Hano griff gleich ein. «In dieser Hütte hat sich Toore niedergelassen, stimmt's?»

«Ja», gab Meto nach betroffenem Schweigen zu. «Aber Eus hat uns verboten, die alten Geister wieder wachzurufen. Wir dürfen darüber nichts sagen.»

Meto stand tatsächlich die Furcht in den Augen. Er wollte dieses Gespräch nicht weiterführen. Aber Hano ließ nicht locker. «Wenn ich hierbleiben soll, muß ich auch alles wissen, was bei euch passiert ist. Wir müssen uns doch gegenseitig vertrauen. Was ist dann mit Toore passiert, Meto?»

Dem Angesprochenen entging nicht, mit welcher Spannung Hano diese Frage stellte. «Es müssen fremde Jäger in der Gegend gewesen sein, denn auch Toore wurde erschossen.»

«Wie erschossen?» fragte Hano.

Federhand redete jetzt weiter. «Na gut. Es war so. Er ist mit einem Pfeil im Rücken gefunden worden, aber es war ein fremder Pfeil.»

«Woher weißt du, daß es ein fremder Pfeil war?» wollte jetzt Hano von Federhand wissen.

«Jeder Jäger bei uns hat seine eigenen Pfeile, und jeder kennt die Zeichnung der Pfeile der anderen im Stamm. Aber der bei Toore war ein fremder.»

Meto schaltete sich wieder ein: «Es sind sogar einige Jäger aufgebrochen, um nach den Spuren von Toores Verfolgern zu suchen, aber dabei ist nur ein zweiter Pfeil gefunden worden, der genauso aussah wie der, der Toore das Leben genommen hat. Den Spuren nach zu urteilen, muß es nur ein Täter gewesen sein.»

«Wer hat denn damals das alles entdeckt?» fragte Hano, der schon lange von seiner Arbeit abgelassen hatte.

«Boro und noch zwei andere. Boro ist runter zum Fluß gegangen, er wollte fischen», antwortete Meto. Er wich Hanos Blick aus und schaute statt dessen zum Himmel. «Oh, das kann heute ein Gewitter geben! Hano, ich glaube, wir müssen hinunter zu unseren Hütten. Komm mit, Federhand.»

Sehr eilig verabschiedeten sich die zwei von Hano, der sich gedankenverloren wieder an seine Arbeit machte.

Langsam kriege ich es zusammen. Und immer spielt dieser Boro eine Rolle, und Usi, die die gleichen Haare wie Isi hat. Fremde Jäger sollen Keiler und Toore getötet haben. Der Nachbarstamm meinte aber, die hier im Tal wären die Totschläger. Hat der Medizinmann des anderen Stammes die Wahrheit gesagt? Bin ich unter heimtückische Totschläger geraten? Oder ist da nur einer der Böse? Sehr verdächtig, daß Boro immer mit den Geschichten zu tun hat. Ich muß genau auf ihn achten, wenn ich meines Lebens sicher sein will, denn *ich* bin jetzt genau an der Stelle Toores. Aber von dieser Hütte muß sein Geist weg sein, er soll ja in einen Bären gefahren sein. Ob ich es schaffe, seinen Geist zu befragen? Oder ob ich Usi mal fragen kann?

Die dunklen Wolken verzogen sich schnell wieder. Hano konnte das fertig gesäuberte Bärenfell zum Austrocknen auf seinen kleinen Hüttenfelsen legen. Es blieb ihm noch Zeit, hinunter ins Lager zu gehen. Er brannte darauf, den großen Jäger Boro zu sehen und zu hören, wie die große Jagd vorbereitet wurde.

An einem großen Feuer waren schon viele Jäger versammelt. Es sah so aus, als hätten sie alle nur noch auf Hano gewartet, denn als er sich hingesetzt hatte, wurde es still. In diese Stille hinein sprach Boro: «Es weiß jeder, der hier ist, um was es geht. Morgen werden wir die Jagd durchführen, die unseren Alten und den alleinstehenden Frauen Vorräte bringen soll. Wir werden morgen in aller Frühe über den Fluß setzen. Im flachen Land sind die Fallen schon vorbereitet für die großen Herden. Alle werden mitmachen müssen, um das Wild dahin zu treiben. Jeder Jäger hier weiß, um was es geht.» Boros Augen glänzten schon in der Vorfreude. Er legte eine kurze Pause ein. Dann sprach er nochmals. «Wir müssen auf diesem Beutezug alles erlegen, was wir aufjagen, auch einzelnes Wild. Es geht darum, daß jeder Pfeil sein Ziel erreicht. Das ganze Gelände ist morgen unser Jagdrevier. Aber, das eine sage ich euch, es ist vollkommen unwichtig, wer das meiste erlegt, wichtig ist nur, daß wir gemeinsam Erfolg haben.»

Hano beobachtete den Bärentöter sehr genau. Wie der sich verstellen kann. Ich seh' doch, daß er darauf brennt, sich als einzelner hervorzutun. Die Jagd mit den großen Fallen scheint er nicht zu mögen. Ich glaub' ihm auch nicht, daß ihm der gemeinsame Erfolg am

Herzen liegt. Aber er weiß, wie er seine Stammesgenossen in Stimmung bringen kann. Hat er wohl von seinem Vater gelernt.

Boro war mit seiner Rede noch nicht zu Ende. «Mein Vater hat mit den Geistern gesprochen, und sie haben kundgetan, daß sie mit uns gehen werden. Also, Brüder des Stammes der schwarzen Wölfe, habt ein wachsames Auge und eine sichere Hand. Der Erfolg gehört uns!»

Die Jäger, die im Kreis ums Feuer saßen, sprangen zum Teil auf und stießen wilde Schreie aus. Boro hatte sie richtig heißgemacht. Auch Hano konnte sich dem wild entbrannten Jagdfieber nicht entziehen und tanzte mit ums Feuer.

Alle wollen wir Beute machen, große Beute für den Stamm. Es wird ja doch der im hellsten Licht der Sonne stehen, der das meiste oder größte Wild erlegt hat. Und ich habe gute Waffen.

Gleich nach Sonnenaufgang war Hano auf den Beinen. Er war einer der ersten, die unten am Lagerplatz waren. Noch schwach glühte dort das Feuer. Er legte etwas Holz nach, damit die Flammen wieder auflodern konnten.

Schnell war die Jägerschar versammelt. Fast alle kamen mit ihren beiden wichtigsten Waffen.

Nun erschien Boro. Hano blickte auf seine Lanze.

Sie ist nicht schlecht, aber etwas plump. Im Nahkampf, etwa gegen einen Bären, mag sie gut sein, aber als Wurflanze ist sie wohl etwas zu schwer. Nun, jeder kann sich seine Waffen so machen, wie er es für richtig hält.

Federhand erschien als einer der letzten. Wieder hatte er nur Pfeil und Bogen dabei. Hano faßte ihn scharf ins Auge. Der junge Jäger mußte wohl schnell seine Gedanken erraten haben, denn er machte gleich wieder kehrt. Freudestrahlend kam er bald darauf wieder und schwenkte seine neue, mit Hano gefertigte Lanze siegessicher in der Luft. Hano ließ ihm einen zustimmenden Blick zukommen. Federhand verstand den Wink. Keiner der Anwesenden hatte dieses Augenspiel bemerkt. Es war Zeit zum Aufbruch.

Die meisten durchwateten den Fluß, der um diese Zeit sehr wenig Wasser führte. Nur einige Jäger setzten mit den zusammengebundenen Holzstämmen über, darunter natürlich auch Boro.

Als alle am anderen Ufer waren, übernahm Boro sofort das Kommando. Er verkündete: «Meto leitet die Herdenjagd. Ich gehe mit zehn Leuten das übrige Gelände sichern. Wir fangen da an.» Er zeigte mit seiner Lanze flußaufwärts. «Los, los, auseinander. Weiter bis zur Biegung!» gebot er herrisch.

Hano mußte sich schnell entscheiden. Lieber würde ich ja mit Meto gehen. Aber wichtiger ist mir jetzt Boro.

Er trottete also mit Boros Gefolge los. Sie bildeten den üblichen Halbkreis und zogen vom Fluß ins Landesinnere. Hano ging fast ganz außen an der rechten Seite. Bald wurden auch schon die ersten Rufe laut.

Hano blieb stehen, um abzuwarten, was da auf ihn zukam. Eine Hirschkuh brach durchs Unterholz.

Schade, die wäre mir recht. Aber für meinen Bogen ist sie zu weit weg. Vielleicht, daß ein anderer Jäger...

Und richtig, Federhand und noch ein Genosse schossen ihre Pfeile ab. Schon begann die Hirschkuh zu stolpern. Sie kam nicht mehr weit. Federhand war ihr nachgelaufen und stieß dem noch zuckenden Tier mit einem knabenhaften Freudenruf seine neue Lanze in die Brust.

Boro hatte in kluger Voraussicht ein paar ältere Jäger und halbwüchsige Jungen des Stammes mitgenommen, die das erlegte Wild gleich aufbrechen und über den Fluß ins Tal schaffen sollten, so daß die erfahrenen Jäger sich damit nicht aufhalten mußten.

Die übrigen drangen weiter landeinwärts vor. Hano sah schon den Hochwald vor den Bergen. Es war der gleiche Wald, wo er damals den Elch erlegt hatte. Hier war er schon einmal erfolgreich gewesen.

Metos Jagdgruppe war auch zu sehen. Sie bildeten in der Ebene einen Sperrgürtel, um herankommende Herden auf die Fallen, die sich anscheinend in Spalten und Mulden vor dem Wald befanden, zuzutreiben.

Aber jetzt waren wieder Rufe aus seiner Gruppe zu hören. Und schon vernahm man auch einen ersten tierischen Todesschrei. In wilder Flucht rannte ein Rudel Wildschweine durch die Büsche. Wieder kamen den Tieren Pfeile entgegen und wieder schrie eines der Schweine schmerzvoll auf. Das Rudel schwenkte um, es versuchte jetzt, das dichtere Unterholz am Fluß zu erreichen. Hano stand gut gedeckt hinter einem starken Baum in Lauerstellung. Vier Schweine liefen direkt auf ihn zu. Nun kam er zum Schuß.

Es war kein großes Kunststück, eines der Viecher zu erledigen. Hanos Pfeil bohrte sich tief ins Herz einer Sau.

Wieder dieser Schrei. Ich kenne kein anderes Tier, das so laut aufschreit und so schrill seinen Tod verkündet wie ein Schwein. Drei sind noch übrig. Aber für einen zweiten Pfeil ist es zu spät, sie sind schon durchgebrochen.

Nur kurz schaute Hano auf seine Beute, dann ging er weiter. Es waren noch zwei ältere, nicht so laufstarke Jäger da, die sich um die erlegten Tiere kümmern würden.

In der Ebene rührte sich auch etwas. Dort mußte eine Herde in die Fallgruben getrieben worden sein. Sofort gab Boro das Zeichen, rüber in den Wald zu stürmen. Hanos Augen konnten nichts ausmachen, aber er vernahm etwas, was er schon lange nicht mehr gehört hatte. Es waren dumpfe, schwere Tritte.

Seine Augen leuchteten auf. Das können keine Pferde oder Rentiere sein, das ist schwereres Kaliber. Das wird gutes Fleisch geben!

Keuchend rannte die ganze Gruppe im Schutz eines dichten Schlehengürtels auf das Geschehen zu. Es galt, einige den Treibern entwischte Tiere noch zu fangen.

Das Trampeln war ganz nahe. Jetzt konnte auch Hano sehen, daß ein Ur, ein gewaltiger Bulle durchs Gebüsch stürmte. Dieser kapitale Bursche kam auf ihn zu. In seiner Brust steckten zwei Pfeile. Hano ließ schnell den Bogen los und nahm die Lanze in die Wurfhand.

Ein jüngerer Jäger war noch in der Fluchtlinie des Bullen. Er hatte seinen Bogen gespannt. Hano deutete schnell mit der linken Hand an, daß er sich ducken sollte. Der Ur kam bedrohlich näher.

Der Kerl wird's doch nicht wagen, seinen Pfeil abzuschießen. Sonst ändert der Auerochse seine Richtung, und ich kann meine Lanze nicht werfen.

Hano konnte nicht weiterdenken. Mit zwei Sprüngen begab er sich in Wurfposition. Er mußte jetzt seine Waffe werfen, ehe der Ur durch einen weiteren Pfeil abgelenkt werden konnte. Mit aller Kraft schleuderte Hano seine Lanze dem Ur entgegen. Sie traf gut.

Der Auerochse zuckte zusammen. Die Lanze war tief in seine Brust gedrungen. Er versuchte nach rechts auszubrechen, aber schon nach wenigen Sätzen knickten seine Beine ein.

Hano stieß einen Triumphschrei aus. Die Geister waren auf seiner Seite, das spürte er. Der andere Jäger war hergekommen und stieß nun ebenfalls mit wilder Kraft seine Lanze in das Herz des Bullen.

Er war der erste, der Hano auf die Schulter schlug. «Der Ur, der Ur, Hano hat ihn erlegt», schrie er aus voller Kehle. Dabei tanzte er von einem Bein aufs andere. Seine Freude war so groß, daß er gar nicht die herbeieilenden restlichen Jäger bemerkte. Boro war auch unter ihnen.

Dieser schaute auf die Lanzen, die noch immer in der Brust des Bullen steckten. Dann sah er Hano an.

«Es waren meine Pfeile, die den Ur tödlich verwundet haben. Du hast ihm nur noch den Rest gegeben.» Mit feindseligem Blick sagte er das. «Deshalb gebührt dir auch nicht der Ruhm. Der Ur war schon vom Tod gezeichnet, und es hätte nicht mehr lange gedauert, bis meine Pfeile ihn niedergerissen haben würden. Zieh deine Lanze aus der Brust des Urs, du hast kein Recht, ihn als deine Beute zu betrachten. Ich war derjenige, der zuerst traf, und somit gehört der Ur mir.»

Hano strömte das Blut heiß durch die Adern. Ungeheuerlich, was Boro da vor allen andern sagt. Ich könnte ihn dafür erschlagen. Der will sich unbedingt mit mir anlegen. Aber ich kann keinen Streit gebrauchen. Ich zieh den Kürzeren, weil ich immer noch ein Fremder bin. Aber ich werd's ihm zeigen!

Betont gleichgültig zuckte Hano mit der Schulter und sagte: «Sicher haben deine Pfeile den Ur zuerst getroffen. Aber du hast doch selbst gestern gesagt, daß es nur wichtig ist, daß wir gemeinsam Erfolg haben. Also warum sollen wir uns streiten, wem der Bulle gehört?»

Einige Jäger pflichteten Hano mit Kopfnicken bei. Boro sah es und lenkte ein.

«Sicher habe ich das gestern gesagt, und was ich gestern gesagt habe, gilt auch noch heute. Ich wollte dir nur klarmachen, daß du nicht glauben sollst, dir allein gehört der Ur.»

Trocken erwiderte Hano: «Das habe ich niemals geglaubt. Aber du hast doch darauf bestanden, daß er dir allein gehört, oder nicht?» Mit diesen Worten zog er seine Lanze aus der Brust des Tieres. Die umstehenden Jäger sahen, wie tief diese lange, scharfe Spitze ins Leben eingedrungen war. Jeder der Anwesenden konnte sich überzeugen, daß die Lanze in Hanos Hand es war, die den Ur getötet hatte.

«Ich glaube, die Jagd ist zu Ende. Wir sollten Schluß machen», ließ sich Boro unwirsch vernehmen. «Da kommt auch Meto mit seinen Leuten. Sie werden uns gleich sagen, wie erfolgreich ihre Jagd war.»

Der mit seiner Gruppe dazukommende Meto erfaßte schnell die Situation, als er Hano mit der blutigen Lanze beim Auerochsen stehen sah, von allen Jagdgenossen bewundert. Kurz schlug er ihm mit der Hand auf die Schulter und sagte nur, schon mit Blick auf Boro: «Auch wir haben acht Tiere erwischt. Das war eine gute Jagd.»

Usi

Die zum Großteil schon zerlegte Beute wurde mit vereinten Kräften an den Fluß geschafft, um sie auf den schwimmenden Baumstämmen hinüber ins Tal zu bringen.

Von weitem schon war das Lachen und Plaudern der Frauen zu hören. Der heutige Tag gehörte ja allein ihnen und den Stammesmitgliedern, die selbst nicht aktiv jagen konnten. Felle und Fleisch würden unter ihnen aufgeteilt werden. Viele Räucherfeuer würden in den nächsten Tagen brennen. Und heute Abend sollte es ein großes Fest geben.

Hano war im Lager angekommen und betrachtete zufrieden die Frauen, die fröhlich ihre Anteile entgegennahmen. Das ist wirklich wunderbar geregelt, diese Sorge für die alleinstehenden Frauen und Alten. Die bekommen heute nicht wenig. Einige schleppen sich ganz schön ab. Dort sind schon welche fertig. Ist da nicht auch Usi dabei? Ja, da drüben. Sie schaut her, als hätte sie mich gesucht. Warum ist diese stolze Frau immer noch alleine? Oh, jetzt wird sie verlegen und senkt den Blick.

Hano sah, wie sie sich anschickte, einer gebrechlichen Alten beim Heimschleppen ihrer Fleischportion zu helfen. Es gibt im Augenblick keine Möglichkeit, mit ihr ins Gespräch zu kommen. Schade. Doch ich merke, ich sehne mich nach einer Gelegenheit, sie näher kennenzulernen. Sie ist immer noch allein. Aber sicher gibt es genügend Männer, die sie begehren. Sie ist ein wunderbares Ebenbild von Isi!

Beim Schlachtfest am Abend trat Eus mit schwarz und braun bemalten Armen auf. Auch sein Gesicht hatte er dunkel gefärbt. Die Hörner eines heute erlegten Auerochsenbüffels zierten seinen Kopf. Er hatte sich auch ein entsprechend prächtiges Fell umgehängt. Bevor alle sich an das Festmahl aus den Innereien machen konnten, schmiß der Medizinmann unter lauten Beschwörungsformeln die restlichen Büffelhörner ins Feuer. Er schien genau vorgeschriebenen Bewegungsabläufen zu folgen. Schließlich verstreute er auch noch einige zauberkräftige Kräuter auf die schon schmorenden Innereien an den einzelnen Feuern. Wesu, einer der Jagdgefährten Metos, schlug mit einem Schenkelknochen auf einem ausgehöhlten und fellbespannten Baumstamm einen dumpfen Takt dazu. Das ganze Ritual war Hano nicht fremd; es glich den Zaubern, die sein Vater veranstaltet hatte. Die ganze Sippe verfolgte andächtig die Zeremonie. Kleinere Kinder drängten sich dabei an die Seite ihrer Mutter.

Endlich durfte das Schmausen beginnen. Sofort wurde es wieder lebhafter. In der Hitze der Feuer sah Hano sich von lauter ausgelassenen, schweißglänzenden Gesichtern umgeben. Auch er strahlte vor Freude, für diesen Stamm seine Geschicklichkeit erfolgreich eingesetzt zu haben. Eine Abordnung alter Frauen beschenkte die tüchtigen Jäger nach dem Mahl sogar mit kleinen Geschenken. Hano bekam eine mit Schmuckzeichen beritzte Hirnschale eines Ebers, um daraus Wasser zu schöpfen.

Das Fest kam nach dem Essen erst richtig in Gang, als Eus den Tanz begann. In einer Schlangenlinie tanzten hinter ihm die Jäger um die Feuer. Der bemalte Medizinmann forderte Hano extra auf, sich mit in den Tanz einzureihen. Er rief ihm zu: «Du hast heute gute Arbeit geleistet für den Stamm. Tanz mit uns. Für die endgültige Aufnahme mußt du nur noch *eine* Prüfung ablegen.»

Hano wollte schnell fragen, worin diese Prüfung bestehen sollte, aber Eus war schon wieder weg, um den Tanz nicht zu unterbrechen. Schnell stand er auf und reihte sich ein. Bald versank er im Rausch des stampfenden Rhythmus der Füße. Nur schemenhaft nahm er die ihm bekannten Gesichter wahr, die im Feuerschein glänzten: Meto, Federhand und die nur mit Frauen an einem Feuer sitzende Usi. Spät in der Nacht torkelte er hinauf zu seinem Unterschlupf.

Die folgende Zeit verging im Flug. Die letzten warmen Tage des Sommers waren angebrochen. Eine große Jagd wurde nicht mehr veranstaltet, also konnte Hano seine Hütte wetterfest machen und sich einen neuen Bogen schnitzen. Oft auch weilte er im Dorf und sah den Frauen zu, wie sie Tierfelle zu Kleidung umarbeiteten oder Knochen zu Werkzeugen schliffen. Nach der Arbeit setzten sich die Familienmitglieder zusammen und suchten sich gegenseitig die Haare nach Ungeziefer ab. Das war die Zeit, in der die häuslichen Angelegenheiten besprochen wurden. Hano kam endlich auch dazu, sich mit Krüppel über seine neuen Fallen zu unterhalten.

Für den Winter hatte er schon halbwegs vorgesorgt, doch wußte er nicht, wieviel Wild in der kalten Jahreszeit hier blieb. Also ging er allein noch auf Pirsch. Meto hatte sich in letzter Zeit rar gemacht. Es konnte sein, daß Boro dahintersteckte, aber Hano wollte den Freund nicht danach fragen.

Er durchstreifte unten am Fluß den lichten Wald. Viele Gedanken beschäftigten ihn, doch plötzlich riß ihn ein schmatzendes Geräusch aus seinem Sinnieren. Er streckte den Kopf etwas nach vorn und atmete nur leise durch die Nase. Angestrengt schaute er durch die Bäume, konnte aber nichts entdecken. Er wußte aber genau, er hatte sich nicht verhört. Da stieg eine leichte Witterung ihm in die Nase.

Sofort griff er hinter sich auf den Rücken, holte einen Pfeil aus seinem Köcher und legte ihn auf den Bogen. Vorsichtig schritt er weiter. Da war wieder dieses Schmatzen. Kein Zweifel, es mußte ein Schwein sein.

Er achtete darauf, daß kein trockener Zweig unter seinen Füßen knackte. Endlich sah er das Tier, einen Keiler, der unter einer nicht allzu hohen Eiche gemütlich am Schmausen war. Hano mußte noch näher ran, um einen guten Schuß anbringen zu können. Vorsichtig wie ein Luchs, der seine Beute beschleicht, bewegte er sich weiter.

Was frißt dieser Keiler da? Was beschäftigt ihn so, daß er auf keine Gefahr achtet? Der ist wohl taub? Halt, da liegt ja ein Stück Fell mit Riemen. Daraus frißt der Kerl.

Hano näherte sich weiter dem Baum, unter dem der Keiler sich gütlich tat. Diese Felltasche mußte jemand seinesgleichen gehören. Und endlich sah er, daß der Eber Pilze fraß. Das Tier ließ sich laut schmatzend die gesammelte Mahlzeit schmecken, schaute nur ab und zu zum Baum rauf, unter dem es stand.

Hano folgte dem Blick des Keilers. Sieh an, da hockt doch tatsächlich jemand in den Ästen. Und es ist auch noch eine Frau. Ein komischer Anblick. Das darf doch nicht wahr sein, es ist Usi! Eigentlich ein Anblick zum Lachen, wie sie da oben hockt und der Keiler unten die Pilze vertilgt. Aber sicher findet es Usi auf dem Baum gar nicht lustig.

Hanos Pfeil traf gut. Usi erschrak merkbar, als das Schwein unter ihr aufschrie und zu flüchten versuchte. Nach ein paar Sätzen strauchelte der Eber; der Tod hatte schon zugeschlagen.

Hano brauchte seine Lanze nicht mehr. Er ging zum Baum, äugte lächelnd nach oben und fragte: «Seit wann leben Zweifüßler auf den Bäumen? Du kannst runterkommen, die Gefahr ist vorbei.»

«Ich bin froh, daß du vorbeigekommen bist», sagte Usi von oben.

«Warum bist du auf den Baum geklettert, hattest du solche Angst?» Hano half ihr beim Heruntersteigen.

«Was sollte ich machen?» fragte sie zurück. «Ich war alleine, und plötzlich stand dieser Keiler vor mir. Ich weiß gar nicht, wie ich auf den Baum gekommen bin.»

Hano nickte mit dem Kopf. «Deine Pilze sind allerdings fort, die hat er sich schmecken lassen.»

«Ach, laß nur die Pilze», meinte sie, erleichtert auflachend, und winkte mit der Hand ab.

«Der kommt mir wie gerufen», sagte Hano und zeigte mit der Lanze auf den Keiler. «Ich werd' ihn jetzt aufbrechen, und dann schaffen wir ihn rüber ins Tal.»

In der Zeit, in der Hano den Keiler ausnahm, hatte Usi schon ein Feuer gemacht. Herz und Lunge konnten an Ort und Stelle über den Flammen gebraten werden. Hano schaffte Stecken herbei, um die Organe aufzuspießen.

Usi reichte ihm das aufgespießte Herz und sagte nur: «Da, du mußt es ganz aufessen, es macht stark und mutig.»

Hano sah Usi in die Augen, und es war ihm, als sähe er Isi. «Wir teilen es uns», sagte er. «Wenn du die Hälfte vom Herz gegessen hast, wirst du nicht mehr auf einen Baum klettern, wenn du einen Keiler siehst.»

Lachend ließen sich beide auf dem Waldboden nieder. Herz und

Lunge schmeckten ausgezeichnet. Ein Gespräch kam vorerst nicht zustande.

Hano war durcheinander. Jetzt bin ich mit Usi hier im Wald. Habe ich mir nicht oft gewünscht, dieser Frau allein zu begegnen? Aber nun weiß ich nicht, wie ich's anfangen soll. Ich kriege meine Gedanken nicht zusammen. Dabei bin ich doch ein kräftiger und gesunder Mann, ein erfahrener Jäger, aber im Augenblick komm' ich mir eher vor wie ein junger Hüpfer, der noch kein Wild erlegt hat. Was ist das nur? Ich will keine Frau mehr, das habe ich mir doch immer eingeredet. Aber tief innen ist noch eine Stimme, die meint, daß dieses weibliche Wesen hier vor mir gar nicht übel ist. Ich bin magisch angezogen von dieser Frau. Wieso wird mir Usi gegenüber die Zunge so schwer?

Hano machte sich in seiner Beklommenheit auf, um einen starken Ast zu suchen, den er unter die zusammengebundenen Läufe des Keilers stecken konnte, damit sie ihn gemeinsam ins Dorf schaffen konnten. Hano war sich nicht ganz darüber im klaren, ob Usi stark genug sein würde, um die Hälfte der Last zu tragen. Aber seine Zweifel verflogen schnell. Usi war viel stärker, als er geglaubt hatte. Kein einziges Mal verlangte sie nach einer Rast.

Beide strebten sie Hanos Hütte zu. Usi fragte nicht nach dem Weg. Hano dachte sich, daß ihr diese Hütte schon vertraut sein müßte. Sie hatte Toore sicher auch besucht.

Jetzt habe ich auch noch mit Toores Freundin zu tun. Unsere Wege kreuzen sich selbst noch nach dem Tod meines Lehrmeisters. Haben da die Geister wieder ihre Hand im Spiel? Vielleicht ist der Unterschied zwischen den Lebenden und den Toten gar nicht so groß, wie es mir oft erscheint. Wieviel soll ich Usi verraten von dem, was ich weiß?

Im Taumel seiner Gedanken fing Hano an, das Schwein zu zerlegen. Er wußte nicht, was er Usi zuerst fragen sollte, deshalb fing er mit der Bemerkung an: «Du bist schon längere Zeit allein. Wie kommt das?»

«Es gibt überall Feinde. Erst ist mir meine jüngere Schwester genommen worden, dann kam Keiler nicht mehr von der Jagd.»

Usi hatte sich hingesetzt und sah Hano bei der Arbeit zu.

Der hatte alle Mühe, seine Gefühle nicht zu zeigen. Er konnte der Frau nicht ins Gesicht sehen und hantierte deswegen verbissen weiter.

Usi seufzte. «Aber ich will vor dir nicht meine Trauer ausbreiten. Ich weiß, es gibt auch Fremde, die nicht böse sind, etwa du.» Ihr Gesicht hellte sich merklich auf. «Du bist ein großer Jäger. Das habe ich sofort gewußt, als du mit dem erlegten Elch ins Tal kamst. Und alle anderen hier wissen es auch. Sie verehren dich im stillen, nur wagt keiner, es laut auszusprechen. Sie alle fürchten sich vor Boro.»

Hano fand seine Gelassenheit wieder. «Warum fürchtet ihr euch vor Boro? Er gehört doch zu eurem Stamm.»

«Sicher ist er einer von uns», sagte Usi. «Boro hält sich für den überragenden Jäger, und sein Vater will uns das auch glauben machen. In Wirklichkeit ist Boro ein falscher Kerl; in seiner Brust wohnen böse Geister.»

«Du wirst wohl deine Gründe haben, so über Boro zu sprechen.»

Usi schwieg. Sie ließ sich Zeit mit der Antwort. «Du bist noch fremd hier im Tal, deshalb magst du noch Zweifel haben. Aber hast du nicht Boros Augen gesehen, damals, als du den Bären getötet hast? Ich hab' sie gesehen! Sie waren voller Haß, denn er hat längst erkannt, daß du der bessere Jäger bist. Auf die Dauer duldet er keinen hier im Tal, der besser ist als er. Er will über alles die unumschränkte Verfügungsgewalt.» Usi schluckte ein paarmal, bevor sie weitersprach. «Ich hab' das selber schon erfahren müssen. Boro glaubt nämlich, daß wir alleinstehenden Frauen Freiwild wären und er jede haben kann. Wagt es aber eine, sich ihm zu widersetzen und ihm nicht willig zu sein, so ist sie seiner Macht und seiner Laune ausgesetzt. Ich weiß, daß er vor nichts zurückschreckt. Er achtet das Leben der anderen nicht.»

Hano fingen die Hände zu zittern an, doch Usi, ihrerseits aufgeregt, merkte nichts davon. «Du sprichst harte Worte», bemerkte er knapp.

«Ich weiß, wovon ich rede», behauptete Usi mit zorniger Stimme. «Halt du nur deine Augen offen. Ich fände es schade, wenn du eines Tages *auch* mit einem Pfeil im Rücken gefunden wirst.»

Hano stellte sich unwissend. «Wie meinst du das mit einem Pfeil im Rücken? Ist denn dergleichen hier schon passiert?»

Bitter klangen Usis Worte: «Nicht nur einmal, o nein, zwei große Jäger wurden schon erschossen, aber den Täter haben sie nicht erwischt. Und doch weiß fast jeder im Tal, wer der Täter ist, es gibt nur keine Beweise. Somit läuft er immer noch frei herum.»

Hano mußte seine Arbeit unterbrechen. Die ganze Geschichte kenne ich zwar schon. Aber doch will ich die Sache aus ihrem Mund hören. Ich muß Boro auf die Schliche kommen.

«Waren es gute Freunde von dir?» fragte er deshalb vorsichtig.

«Gute Freunde, fragst du. Da muß ich ja beinahe lachen», gab Usi zurück. «Der erste, den der Pfeil aus allernächster Nähe ins Herz traf, war Keiler, mein Mann. Er hätte niemals einen Fremden so nahe herankommen lassen, also muß es jemand gewesen sein, den er gut gekannt hat. Der andere, der erschossen wurde, war einer, der wie du als Fremder zu uns gestoßen ist. Auch dieser Fremde war ein großer Jäger. Ich glaube, es war wohl der beste Jäger, der hier im Tal je gelebt hat. Er ist sehr freundlich zu mir gewesen und hat mir oft Fleisch gebracht. Dieser große Jäger ist feige von hinten erschossen worden. Wieder konnte niemand etwas über den Täter herausfinden. Aber warum erzähle ich dir alles?» Usi zögerte an dieser Stelle, weiterzureden.

«Auf jeden Fall meine ich, du sollst Bescheid wissen. Halte deine Augen offen, denn auch du bist ein großer Jäger, der Boro den Rang streitig machen kann. Es wird sich herumsprechen, daß ich hier oben bei deiner Hütte war. Wenn das Boro erfährt, dann ...»

Usi verstummte. Was sie sagte, paßte eigentlich genau in das Bild, das Hano sich schon gemacht hatte.

Da gibt es klare Zusammenhänge zwischen Usi und den beiden Toten. Ist es dann lächerlich, wenn ich Boro damit in Verbindung bringe? Federhand hat doch auch gemeint, daß dieser Großtuer hinter Usi her ist. Wenn Boro die Männer tötet, die ihr nahestehen, so ist sie weiter auf die Fürsorge des Stammes angewiesen, oder besser gesagt auf Boros Hilfe, und der hat ein Druckmittel gegen sie, und das heißt Nahrung. Von dieser Seite her betrachtet, ist es gar nicht so abwegig, was Usi mir erzählt. Und bin ich nun das nächste Opfer?

Laut sagte Hano: «Ich habe den Keiler zerlegt. Die Hälfte gehört dir.»

«Nein», antwortete Usi, «wie kommst du dazu, mir Fleisch zu geben? Dein Pfeil hat den Keiler getötet.»

Hano hörte ihre Stimme und wußte, daß sie es in Wirklichkeit gar nicht so meinte. Warum zierte sie sich?

«Gut, mein Pfeil hat den Keiler getötet», gab Hano scheinbar zu. «Aber hättest du nicht Pilze gesammelt, wäre der Keiler nicht aufgetaucht, und so glaube ich, daß ich ohne dich gar nicht zum Schuß gekommen wäre. Also bist du es, die mir das Wild verschafft hat.»

Dagegen hatte Usi keine Einwände mehr. Geschmeichelt senkte sie den Kopf. Doch gleich verlor sich ihre Befangenheit wieder, und sie meinte lachend: «Vielleicht sollten wir beide des öfteren zusammen auf die Jagd gehen. Es kann ja sein, daß ich dir Glück bringe.»

Hano wußte auf diese Fröhlichkeit jetzt nicht einzugehen. Usi mein Glücksbringer? Sie verwirrt mich andauernd. Und wie stellt sie sich das vor, ein Mann und eine Frau auf der Jagd? Das wäre ja ganz was Neues.

«Mit Glück allein ist es nicht getan, Usi. Ich müßte dir wohl erst noch das Bogenschießen beibringen.»

Das entlockte der Angesprochenen ein Lachen, das Hano noch öfter hören wollte. Aber gleich dachte er wieder praktisch: «Komm, ich helfe dir, das Fleisch in deine Hütte zu tragen.» Mit diesen Worten lud er sich schon die Hälfte des Keilers auf die Schultern und setzte sich in Bewegung.

Usi ging an seiner Seite, und jeder Fremde, der sie gesehen hätte, hätte glauben müssen, sie gehörten zusammen, sie seien Mann und Frau. Doch sie begegneten nur Meto, der ihnen lediglich einen vielsagenden Blick zuwarf. Usis Hütte lag recht weit unten und bildete den Abschluß einer beinahe geraden Reihe von fellgedeckten Behausungen. Hano meinte, zwischen zwei Hütten eine große männliche Gestalt auftauchen zu sehen, als er bei Usi eintrat.

Ihre Wohnstatt war groß. Aber sie erschien Hano kalt. Irgend etwas mußte fehlen. Er konnte es sich nicht erklären, aber er sah diese Behausung nicht als Stätte des Friedens. Etwas stieß ihn ab.

An der Wand, die zum Mittag hin stand, war Usis Lager. Durch den Eingang fielen die Strahlen der tiefstehenden Sonne auf das dicke Bündel wärmender Felle. An den vielen vorhandenen Geweihen in der Hütte war sofort zu ersehen, daß hier einmal ein großer Jäger gewohnt haben mußte. Auch eine Schnur mit Bärenklauen baumelte an einem dicken Pflock, der das Dach stützte. Hano legte das Fleisch auf die flachen Steine, die den Feuerplatz umgaben. Nun stand er da und wußte nicht so recht, wie er sich verhalten sollte.

«Ja, also», stotterte er, «kommst du nun alleine zurecht oder kann ich noch was helfen? Das ist eine schöne Menge Fleisch. Du willst es doch sicher räuchern, damit es sich hält.»

Lachend erwiderte Usi: «Oh, ein Mann will sich in meiner Hütte Arbeit schaffen. Das ist nett. Die Kraft eines Mannes ist ja nicht zu vergleichen mit der einer Frau.» Dabei streifte sie ihn mit einem offenen Blick aus ihren hellen Augen.

Hano hatte sein Steinmesser gezogen, doch sie sagte: «Warte mal.» Sie ging zu einem sauber aufgestapelten Bündel Felle hinter dem Feuer und bückte sich. Nach kurzem Suchen kam sie wieder zurück. So etwas Großes hatte Hano noch nicht gesehen, und scharf war das Ding! Vorsichtig befühlte er dieses Beil. Wer es gemacht hatte, der mußte sein Handwerk verstanden haben.

«Wo hast du das her?» fragte er.

«Das gehörte meinem Mann. Er hat es von einem weiten Jagdzug mitgebracht und zwei Tage daran geschliffen.»

Hano machte sich an die Arbeit. Schon seltsam, daß ich jetzt wieder an Isi denken muß. Da arbeite ich in dieser Hütte für eine Frau, die ihr so gleicht. Diese Ähnlichkeit verwirrt mich einfach. Mir ist so, als wäre diese Usi mir schon lange vertraut, dabei bin ich das erste Mal hier.

Noch ganz in Gedanken versunken hörte er sie sagen: «Hier, mit diesem Pfeil wurde Keiler getötet, und mit dem da Toore, der große fremde Jäger.»

Hano schaute schnell auf. Er betrachtete lange die seltsamen gelben Linien, die beide Waffen zierten. «Wie sind sie in deinen Besitz gekommen?»

«Boro hat sie mir gezeigt als Beweis, daß es fremde Jäger getan haben müssen. Ich habe sie mir geben lassen. Sie sollen mich immer daran erinnern, daß dieser Pfeil meinen Mann tötete und der andere einen guten Freund. Diese Pfeile helfen mir, meinen Haß wachzuhalten. Solange ich sie habe und solange ich sie sehe, solange werde ich hassen und Rache planen für diese Tat, für diesen... Mord», preßte sie aus zusammengekniffenen Lippen hervor. «Ja, Mord werde ich es nennen, das klingt so böse, wie ich mich fühle.»

Hanno blickte in Usis Augen. Sie sind schön, doch es ist Wildheit und Haß in ihnen. Diese Frau kann viel stärker und grausamer hassen als ein Mann.

Er zuckte, wie von einem leichten Frösteln ergriffen, kurz mit den Schultern. «Was du gesagt hast und was du denkst, mag stimmen, aber du kannst nichts beweisen. Und solange du nichts beweisen kannst, solange kannst du auch nichts machen.»

Usis Augen blitzten immer noch kalt. «Natürlich kann ich nichts beweisen, aber tief in meinem Herzen weiß ich es. Boro ist ein... ein Mörder. Und ich will dir auch sagen, warum. Er ist besessen von seinem bösen Willen. Und nur, weil er mich will. Mich wollte er haben, aber ich wollte nicht. Ich war dem Keiler treu. Nur deshalb und aus keinem anderen Grund sind diese Morde geschehen.»

Hano war sichtlich beeindruckt von diesem neuen Wort, das aus ihrem Haß geboren war.

Doch Usi war noch nicht fertig. «Boro kann niemand dulden, der mehr erreicht als er. Und Toore war ihm weit überlegen. Aber Boro hatte auch einen falschen Verdacht. Er glaubte wohl, Toore würde mich zu seiner Frau machen, und sah wieder seine Hoffnung schwinden. Und so mußte auch Toore beseitigt werden.»

«Wollte dich Toore denn zu seiner Frau machen?» fragte Hano.

Jetzt mußte Usi zu Boden blicken. «Ich weiß es nicht, wie ich es erklären soll. Wir kennen uns ja noch nicht lange. Aber ich will offen zu dir sein. Ja, er wollte mich zu seiner Frau machen.»

«Und?» fragte Hano.

«Ich hab' abgelehnt.»

«Warum hast du abgelehnt, wo doch Toore ein so großer Jäger war?»

«Toore war ein guter Freund, aber ich hatte Angst, daß er nicht lange im Stamm bleiben würde. Er steckte voller Unruhe. Sein Blick ging so oft in die Ferne.»

Hano konnte darauf nichts erwidern. Usi sprach leise und traurig weiter. «Auch du bist ein großer Jäger. Und du bist auch besser als Boro. Und vorhin hat er dich in meine Hütte gehen sehen.» Sie schwieg eine Weile. «Ich möchte nicht, daß dir ebenfalls etwas Böses zustößt. Es war unklug von mir, dich in meine Hütte zu bringen.»

«Ich fürchte Boro nicht», sagte Hano entschlossen.

«Das glaube ich dir gerne. Auch Keiler und Toore haben Boro nicht gefürchtet. Aber gegen einen Pfeil, der aus dem Hinterhalt kommt, ist der beste Jäger machtlos.»

Usis Bedrücktheit ergriff auch Hano. Sie hat ja recht. Aber ich kann sie doch nicht mehr Boros Mutwillen überlassen. Auf was habe ich mich da eingelassen? Ich muß fort, möglichst weit fort, wieder klare Gedanken fassen.

Rasch stand er auf. «Wir werden sehen. Ich werde auf der Hut sein. Du bist nicht die erste, die mich warnt.»

Er wußte nicht, wie schnell er aus der Hütte gelangt war. Wie von selbst setzte er sich draußen in Bewegung. Ich bin so ungeschickt und feige dieser Frau gegenüber. Wie ein tölpelhafter Junge habe ich mich benommen. Aber was soll ich machen? Es rumort so sehr in meiner Brust. Alles, was ich mir vorher gesagt habe, gilt nicht mehr. Ich will Usi.

In den nächsten Tagen war Hano nur selten zu Hause. Er ging allein auf die Jagd. Und doch waren seine Gedanken mehr als ihm lieb war bei Usi.

Er hatte schon das zweitemal Usi Fleisch gebracht. Doch immer war es das gleiche. Er stand vor ihr, und ihm fehlten die Worte.

Draußen auf der Jagd hab' ich es mir doch so schön zurechtgelegt, was ich ihr sagen will. Ich muß mir endlich mal den Mut nehmen. Ärgern könnte ich mich! Wie sie mich anschaut. Ich bin sicher, sie wartet nur darauf, daß ich mit der Sprache herausrücke.

Aber er brachte nur heraus: «Hier, Usi, habe ich dir eine schöne Gemse mitgebracht. Du kannst sie doch brauchen, oder?»

Usi lächelte ihn etwas verlegen an. «Ja, vielen Dank. Du versorgst mich so gut.» Sie biß sich auf die Lippen und brauchte eine

Weile, bis sie ihren nächsten Satz sagen konnte. «Willst du von mir auch ein Geschenk annehmen? Ich sehe, du hast ungefähr die gleiche Größe wie Keiler. Da liegen noch viele Sachen von ihm. Der Winter wird bald kommen, und du bist, wie ich meine, für diese Zeit nicht richtig angezogen.»

Sie ging zu den Fellen und kam mit einem ganzen Arm voller Sachen zurück. Es waren gut verarbeitete Kleidungsstücke. Hano machte erst eine ablehnende Geste.

«Nimm sie, laß deinen Stolz! Wenn du wieder mal ein geeignetes Wild erlegt hast, so bring mir das Fell, ich mach' dir Kleider daraus.» Sie legte ihm einfach mit einem aufmunternden Blick das ganze Bündel in die Arme. Hano wußte nicht, was er sagen sollte.

Die Höhle

Die Herbstsonne durchbrach rasch die Nebelschleier, die vom Fluß heraufgezogen waren. Sie verbreitete noch eine täuschende Wärme, die Hano früh aus seiner Hütte lockte. Gleich bückte er sich und löste die langen, dorngespickten Brombeerranken, die er zu mehreren Schlingen verbunden ins hochstehende Gras gedrückt hatte, und beförderte das ganze Geranke mit einem Wurf auf die Seite. Eine Vorsichtsmaßnahme gegen unerwünschte Annäherung, für die er sich bei Krüppel Rat geholt hatte. Sein mißtrauischer Blick wanderte hinab ins Dorf.

Boro hat mich, wenn ich ihn unten traf, jedesmal finsterer angeblickt. Gesprochen hat er nicht mehr mit mir. Und Meto hat mir auch nicht sagen können, ob bald meine endgültige Aufnahme bevorsteht. Aber ich will hier meine Heimat haben, muß doch wissen, wo ich den Winter verbringen kann. Die schwarzen Wolfsrudel werden sich schon sammeln, und dann dauert es nicht mehr lang, bis die kalten Winde übers Land ziehen. Dann mag keiner mehr gern das Feuer in der Hütte verlassen. Ich will heute gleich hinauf in die Berge, mir neue Spitzen für meine Pfeile suchen.

Er war schon einige Zeit gestiegen, da entdeckte er ein großes Feld voller Brombeeren. Die würden eine gute Zwischenmahlzeit abgeben. Er pflückte sich eine große Menge davon und setzte sich danach auf einen Fleck, um sich in der goldenen Sonne, die schon ihren höchsten Stand erreicht hatte, aufzuwärmen. In aller Ruhe beobachtete er eine Eidechse, die sich nicht weit weg auf einem Stein ebenfalls sonnte.

Plötzlich war er wieder hellwach. Er hatte Stimmen gehört, Stimmen von Zweifüßlern. Schnell war er mit ein paar Sätzen hinter einem Felsen und duckte sich. Er wußte nicht genau, warum er sich versteckte, aber eine innere Stimme trieb ihn dazu.

Kaum, daß er den Blicken entzogen war, bemerkte er auch schon zwei Männer. Beide kamen gemächlich näher. Es waren der große Zauberer Eus und sein Sohn Boro! Ganz nahe gingen sie an Hano vorbei. Sie bemerkten ihn nicht, nur Boro hielt kurz im Schritt inne und schnupperte in die Luft.

Hano erhob sich ein wenig und sah den beiden nach. Wo die wohl hinwollen? Auf die Jagd bestimmt nicht. Dafür ist der große Meister viel zu alt. Aber irgendein Ziel müssen sie haben, denn ohne Grund spazieren die beiden doch nicht in den Bergen herum. Ich muß wissen, was die zwei vorhaben. Vielleicht ist das eine Gelegenheit, wieder etwas mehr herauszubekommen.

Behutsam schlich er den beiden nach. Die schienen sich wohl ziemlich sicher zu fühlen, denn nicht ein einziges Mal drehten sie sich um. Hano hielt dennoch vorsichtigen Abstand.

Eus und Boro strebten einem Talabschluß zu, der schon recht hoch lag. Außer vereinzelten windzerzausten Krüppelfichten wuchs nichts mehr zwischen den Steinen. Hano mußte den beiden Wanderern etwas mehr Abstand lassen. Und plötzlich waren die beiden hinter einem Felsen verschwunden, als hätte die Erde sie verschlungen. Hano pirschte sich vorsichtig an die Stelle, aber niemand mehr war zu sehen.

Irgend etwas stimmt hier nicht. Da vorn fällt der Fels steil ab, da kommen sie nicht weiter. Die müssen doch ganz in der Nähe sein ...

Hano schaute sich nach allen Seiten um. Seine Kopfhaut begann zu jucken. Ratlos trat er von einem Fuß auf den anderen.

Was hätte Toore jetzt getan? Ich muß jetzt ganz ruhig denken.

Hano hatte immer geglaubt, diese Frage würde ihm weiterhelfen, aber sie war nichts weiter als eine Anregung, die ihn befähigte, folgerichtig zu denken.

Wäre Toore jetzt umgekehrt oder hätte er sich zu erkennen gegeben? Nein, beides hätte er nicht getan. Sie können nicht ganz verschwunden sein, und sie müssen in der Nähe sein. Also warten, an einem gut versteckten Platz. Ich muß wissen, was für ein Geheimnis da dahinter steckt.

Mit sicherem Schritt erreichte er eine Lücke zwischen zwei Felsblöcken, die etwas oberhalb der Stelle lag, wo die beiden verschwunden waren. Von dort aus hatte er einen ausreichenden Überblick und konnte selber nicht gesehen werden. Guter Laune wartete er auf die Dinge, die da kommen sollten. Wenn es sein mußte, konnte er bis zur Nacht ausharren.

Das Warten wurde ihm lang und länger. War es richtig, was ich getan habe? Hätte Toore es auch so gemacht? Eus und Boro können sich doch nicht einfach in Luft aufgelöst haben.

Endlich machten ihn Stimmen wieder aufmerksam. Direkt unter ihm aus dem Felsen kamen die beiden heraus.

Hano traute seinen Augen nicht. Wo, bei allen Geistern, mochten die zwei gewesen sein?

Sie gingen denselben Weg wieder zurück. Lange blieben sie im Blickfeld von Hano, und auch als er sie schon einige Zeit aus den Augen verloren hatte, wartete er immer noch. Das war eine Angewohnheit, die er sich bei Toore angeeignet hatte.

«Sei nie voreilig, beherrsche deine Neugier, denn nur der, der geduldig warten kann, ist vor unliebsamen Überraschungen sicher», waren Toores Worte gewesen.

Langsam verließ Hano sein luftiges Versteck. Er war ganz sicher, hier gab es irgendein Geheimnis. Wieder auf ebenerem Grund, suchte er nach Spuren, doch der Boden war steinig.

Hier finde ich keine Spuren. In der Erde waren sie sowieso nicht, also bleibt nur noch eins, die Felswand. Natürlich, wie soll es auch anders sein, es muß da eine Höhle geben. Aber wo?

Hano schaute am Felsen hoch.

Dort oben hatte er gesessen, und genau unter ihm waren die Verschwundenen wieder aufgetaucht, also konnte die Höhle nur in der Felswand sein, über der er gelauert hatte. Er schaute sich die zerklüftete, kaum besteigbare Felsformation genauer an. Nirgendwo war eine Spalte zu entdecken, in der ein ausgewachsener Mann verschwinden konnte.

Er ging ganz nahe an der Felswand entlang, stieg an den zugänglichen Stellen rauf und runter. Er tastete sogar einzelne herausragende Blöcke ab. Es war ihm, als hätte er an einer Stelle ein paar Kratzer im steinigen Untergrund entdeckt. Er griff noch einmal genauer hin. Ja, hier war eine dünne Steinplatte genau in eine Felsspalte eingepaßt! Es war kaum zu erkennen. Jeder, der hier nur hinsah, würde nichts bemerken.

Die Platte ließ sich ohne Mühe beseiteschieben. Nun stand Hano vor der Öffnung der Höhle. Dunkelheit gähnte ihm entgegen, doch kroch er mutig auf allen vieren ein Stück hinein.

Der Gang wurde lange nicht breiter. Hano mußte all seinen Mut zusammennehmen, um weiterzukriechen.

Was, wenn jetzt die bösen Geister über mich kommen? Vielleicht hat Eus hier einen todbringenden Zauber gesprochen, der mich vernichtet, wenn ich weiterkrieche. Ist hier die ganze Macht des Medizinmannes, hier oben?

Nach einer Rechtsbiegung spürte er die Wände nicht mehr. Er war in einem Raum, in dem noch frischer Rauch stand. Als sich seine Augen an das Dunkel gewöhnt hatten, konnte er ein ganz fahles Dämmerlicht erkennen. Hoch oben im Fels war eine winzige Öffnung, nur ein Spalt, durch den der Rauch abziehen konnte. Hano spürte ein Fell. Er tastete weiter. Seine Finger fanden einen Stein, auf dem ein Schädel ruhte. Er mußte von einem größeren Tier stammen. Vor ihm war die letzte Glut eines Feuers. Aber das Licht war zu schwach, um mehr zu erkennen. An seiner Seite konnte er aber fühlen, daß da eine Nische war. Die wollte er noch auskundschaften.

Ist das ein Platz zum Verstecken? Die Nische scheint mir gerade recht. Sie ist leer, deshalb wird Eus nichts dort suchen. Von da aus könnte ich sie das nächste Mal belauschen. Ist da auch keine Erde, wo sich meine Spuren abdrücken können? Sie dürfen nicht merken, daß ein Fremder ihre Höhle entdeckt hat. Sie dürfen nicht mißtrauisch werden, sollen sich in Sicherheit wägen.

Hano machte sich in dem trockenen Zugangsstollen auf den Rückweg. Sorgfältig verschloß er den Eingang. Dann kehrte er ins Tal der schwarzen Wölfe zurück. Niemand bemerkte ihn.

Als die Sonne untergegangen war, kam Federhand zu Besuch. Er wollte wissen, wann er wieder mit Hano jagen gehen könnte. «Ich will endlich ein richtiger Jäger werden, damit ich mir eine Frau nehmen kann», sagte er.

Hano antwortete ihm ausweichend. Ihm lag jetzt nur die Höhle im Sinn, und bei seinen Erkundungen wollte er keinen Mitwisser haben. Aber bevor Federhand, dem die Enttäuschung im Gesicht geschrieben stand, ging, fragte Hano noch möglichst unbefangen: «Sag mal, Federhand, hat der Medizinmann einen geheimen Ort, wo er sich mit den Geistern bespricht?»

«Ich kenne keinen solchen Ort. Was dieser aufdringliche Eus treibt, will ich auch gar nicht wissen. Sein Schutz hat nicht verhindert, daß zwei Leute getötet wurden, ohne daß die Täter aufgespürt werden konnten. Ich weiß nicht, ob er mit den richtigen Geistern in Verbindung steht. Also frage mich nicht danach. Ich merk' schon, dir steht der Sinn nicht nach Jagd!» Damit verschwand Federhand eilig und stieß sich in seinem schlacksigen Ungestüm noch am Elchgeweih überm Eingang den Kopf an.

Hano war aufgewühlt. Er vergaß sogar, seine dornigen Fallstricke auszulegen.

Diese Höhle in den Felsen, die er gefunden hatte, ließ ihm keine Ruhe. Es zog ihn dorthin, wo Boro und sein Vater ihren einsamen und verschwiegenen Platz hatten und wo sie wahrscheinlich die Geister riefen und befragten. Er mußte die zwei dort oben belauschen. Es war wie ein Bann, er konnte nicht anders, er mußte wieder hinauf.

Wie im Traum erreichte er die Stelle in den Bergen und machte es sich in der Felsnische mit ein paar Moospolstern bequem. Nebel lag zwischen den Bergen, doch der verzog sich bald, und die Sonne brach wieder durch. Strahlend und warm bescherte sie noch einen schönen Herbsttag.

Die Wärme tut gut. Dann kann ich mich hier oben wohlfühlen. Oben in der blauen Luft schwebt wieder ein Adler. Sicher ist es der, den ich schon oft gesehen habe. Der hat es einfach besser, steigt mit schnellem Flügelschlag in den weiten Himmel und schaut sich die Erde von oben an. Deine scharfen Augen, gefiederter Genosse, diese Augen, denen nichts entgeht, möchte ich vor allem haben. Ich beneide dich darum! Aber es ist auch schön, wie du in der Luft schwebst mit deinem schlanken und doch kraftvollen Körper. Wie oft bin ich im Traum schon ein Adler gewesen ...

Ein Geräusch weckte Hano aus seinen Gedanken. Unten stand ein Wolf. Es war das zweite Mal, daß er in diesem Tal einen Wolf zu sehen bekam. Wieder war es ein einzelner. Damals unten am Fluß hatte er den Kampf eines Wolfes mit einem Biber beobachtet. Dieser da unten war ebenfalls schwarz.

Ist es vielleicht derselbe? Wieder sehe ich einen allein. Der Winter ist nicht mehr fern, und bald werden sie sich zusammentun, weil sie nur im Rudel vereint erfolgreich jagen können in der frostigen Zeit.

Der Wolf hatte sich hingelegt. Den Rücken an einen Stein geschmiegt, genoß auch er die wärmende Sonne.

Wenn er sich so hinstreckt, besteht keine Gefahr. Ein Wolf hat gute Ohren und eine noch bessere Nase, der wittert Feinde sicher eher als ich. Nur, so schlau, daß er mich in meinem Versteck erkennt, ist er auch nicht. Ein Zweifüßler ist eben jedem Tier überlegen, auch wenn er nicht so gut lauschen und wittern kann. Kein Tier beherrscht die Kunst, Waffen zu machen oder gar Feuer zu entfachen. Eine Wohnstatt kann ein Biber auch bauen, oder ein Fuchs. Und auch bei der Jagd sind wir uns ähnlich. Nur die Kunst des Feuerentfachens unterscheidet uns vollkommen vom Tier. Wieder eine Weisheit von Toore, wie sollte es auch anders sein.

Er hat auch oft gesagt: «Wir Zweifüßler sind schlimmer als die Tiere, vielleicht gerade deshalb, weil wir denken und vorausplanen können. Das macht den Unterschied zum Tier. Und gerade deshalb, weil wir denken können, sollten wir auch jederzeit unseren Verstand richtig gebrauchen.»

Was ist das Denken? Ein Biber weiß genau, wie er seinen Damm bauen muß, und eine Elster weiß, wie sie ihr Nest anzulegen hat. Sie haben doch auch ihren Verstand. Aber etwas Neues herstellen können sie nicht, nur das verwenden, was ihnen die Erde gibt. Manche Vögel können singen, der Bär kann brummen, das Murmeltier pfeifen, der Wolf heulen; das ist *ihre* Sprache. Aber können sie auch lügen wie wir? Den Verstand jederzeit richtig gebrauchen – hat vielleicht Toore damit gemeint, daß wir lernen sollen, das Richtige vom Falschen immer zu unterscheiden? Wenn wir das können, sind wir schlauer als jedes Tier.

Der Wolf war inzwischen eingeschlafen, jedenfalls schien es so. Doch als Hano wieder genau hinschaute, hob der schwarze Vierbeiner den Kopf und stellte die Ohren auf. Aber da er keine Gefahr feststellen konnte, streckte er sich noch einmal lang aus. Schließlich stand er ganz auf und schüttelte sich durch, als müßte er den Schlaf aus jedem Knochen einzeln vertreiben. Er äugte lang genau auf den Fleck, wo der versteckte Zugang zur Höhle lag. Schließlich streckte er mit einem Gähnen, das alle seine scharfen Zähne entblößte, nacheinander Vorder- und Hinterläufe weit aus und trollte sich.

Hano war wieder allein. Auch der Adler kreiste nicht mehr. Hier oben trieb sich nicht viel Wild herum. Langsam wurde es dem einsamen Beobachter langweilig.

Die zwei werden heute nicht mehr kommen. Was soll ich also noch hier? Vielleicht geh' ich runter zum Fluß. Kann sein, daß ich noch zu einem Schuß komme.

Langsam schlenderte er seinen Weg zurück und folgte im Tal dem Bach. Am Fluß waren einige Kinder damit beschäftigt, sich im Fischfang zu üben. Sie sprangen dabei wild herum und gaben ihrem Eifer und ihrer Freude laut lärmend Ausdruck. Da würde sich in der weiteren Umgebung kein Wild aufhalten. Hano schaute den Jungen eine Weile zu.

Ich bin auch an einem Fluß großgeworden, aber der war nicht so breit. Auch ich habe so wie diese Kinder gefischt, als ich klein war. Aber dann ist Toore gekommen, und ich habe früh gelernt, ein richtiger Jäger zu werden. Toore hat mich für die Jagd begeistert. Ein großer Jäger, der einen halb erwachsenen Jungen mitnimmt. Mächtig stolz war ich!

Er wandte sich ab und ging hinauf in seine Hütte. Mit einigen Streifen getrocknetem Fleisch stillte er seinen Hunger.

Ich muß morgen wieder in die Berge, weil ich unbedingt herauskriegen will, was dort in der Höhle vor sich geht. Wenn es sein muß, warte ich wieder den ganzen Tag. Ich brauche Klarheit. Eus befragt dort sicher die Geister. Doch Boro? Was tut Boro dabei?

Kaum daß der neue Tag graute, machte er sich wieder auf den Weg. Er wollte früh da sein. Es konnte ja sein, daß er zu spät kam und die zwei schon in der Höhle waren, und dann konnte er sie nicht belauschen. Er wollte sie schon aus weiter Ferne erspähen und sich vor ihrer Ankunft in der Höhle verstecken.

Doch auch dieser Tag brachte nichts. Abermals trat er am späten Nachmittag den Heimweg an, sammelte unterwegs noch ein paar schmackhafte Wurzeln, die er für den Winter aufheben konnte.

Jeden Morgen, wenn er sich aufmachte, um die Höhle zu beobachten, legte er sich in der Hütte einen Stein zurück. Diesmal war es schon der fünfte.

Hat es überhaupt noch einen Zweck, jeden Tag dort hinauf zu gehen? Das ewige Nichtstun kann ich nicht lange durchhalten. Ich muß wieder frisches Fleisch haben. Usi habe ich auch schon lange nicht mehr gesehen. Ob sie mich vermißt? Nur noch einen Versuch heute, ein letztes Mal.

Ganz in Gedanken versunken ging er seinen Weg, den er schon so gut kannte. Es erschien ihm, als wäre er heute kürzer gewesen. Schon stand er vor dem Berg, in dem sich die Höhle befand. Er schaute sich um. Still war es.

Seltsam, ich bin doch nicht das erste Mal hier, und doch bemerke ich diese wohltuende Ruhe erst jetzt.

Er stieg zu seinem Ausguck empor. Die Bergwelt lag in grauen Wolken. Die wenigen Bäume unten kannte er schon bis ins kleinste Ästchen. Immer wieder starrte er auf jenen Punkt in der Senke, wo die von ihm Erwarteten auftauchen mußten.

Und heute tauchten sie tatsächlich auf! Hano rieb sich zweimal die Augen. Sie waren es. Seine Waffen ließ er zurück, weil sie ihn beim Hineinkriechen nur hindern würden. Wie eine Schlange glitt er den Felshang hinunter. Schnell hatte er den Eingang der Höhle erreicht. Er schob die Steinplatte beiseite und kroch hinein. Hinter sich verschloß er so geräuschlos wie möglich die Öffnung. Drinnen roch es noch stark nach altem Rauch, aber nicht nur nach verbranntem Holz. Er kroch in die leere Felsspalte, die er schon beim ersten Besuch ausgekundschaftet hatte. Er mußte davon ausgehen, daß niemand dorthin schauen würde.

Als erster erschien der Medizinmann, dicht gefolgt von seinem Sohn. Boro brachte auch neues Brennmaterial mit. Schnell hatte er ein Feuer entfacht. Der Alte setzte sich derweilen auf einen Stein. Im ersten Flammenschein sah Hano, daß er neben dem Schädel saß, den er schon befühlt hatte; es war ein Bärenkopf.

Boro legte nicht viel Holz auf. Er hatte auch einige dünne Knochen dabei, die er vom Rand her in die Flammen schob. Das Feuer knisterte. In der Höhle sammelte sich der frische Rauch. Er verbreitete sich schnell, und Hano spürte einen beißenden Geschmack im Hals.

Nur jetzt nicht husten.

Allmählich zogen die Schwaden nach oben, der schmalen Öffnung im Fels zu. Jetzt nahm Eus einen der angebrannten Knochen und trat auf Hanos Versteck zu. Kurz vor der Nische bückte er sich und legte den an einem Ende brennenden Knochen auf einen Stein, in den eine Rinne eingekerbt war. Etwas über der Rinne, das konnte Hanno gut sehen, lag ein Batzen Tierfett, an den der Medizinmann die Flamme hielt. Dabei mußte nun der Alte husten, weil ihm der Rauch des Knochens direkt in die Nase stieg.

Dieses Geräusch benützte Hano, um sich noch tiefer in die Spalte zu drücken, damit ihn der neue Lichtschein nicht erfaßte. Glücklicherweise verhinderte ein Vorsprung, daß das Licht zu sehr sein Versteck ausleuchtete.

Der Medizinmann schlurfte durch die Höhle und entzündete noch an drei anderen Stellen mit dem kleinen Knochen solche Lichter. Das in einem schmalen Rinnsal in die Flammen fließende Fett gab ein nicht rauchendes Licht ab.

Diese seltsamen Lichter müssen den Geruch verbreitet haben, der mir vorher in die Nase gestiegen ist. Bemerkenswert, wie hell sie machen und wie viele Schatten sie tanzen lassen. Das mögen die Geister. Und ich bin vom Hustenreiz befreit.

Der Medizinmann murmelte anschließend einige Beschwörungsformeln und verneigte sich mehrmals vor dem Bärenschädel. Endlich redete er Boro an: «Wir müssen noch einmal über alles reden. Es muß gut überlegt sein, was wir vorhaben.»

«Der Weg liegt klar vor uns», begann Boro. «Die Prüfung wird er nicht ablegen können. Unser großer Gegner, der Weißkopf, scheint nicht zu der Hütte zurückkehren zu wollen, die einmal sein Geist bewohnt hat. Hano zieht ihn nicht an. Es hat zu nichts geführt, daß wir ihn dazu gebracht haben, Toores Hütte zu nehmen. Wer weiß, ob Weißkopf sich überhaupt noch in dieser Gegend aufhält. Ich habe

Wesu oft auf die Suche geschickt. Der Fremde nützt uns nichts mehr, wenn der große Gegner fort ist.»

«Die Geister versprachen mir, daß nur *er* Weißkopf erlegen kann. Er ist stark genug dafür», entgegnete Eus.

Boro lachte trocken auf. «Glaubst du, ich fürchte seine Stärke? Er ist nicht besser als ich und hatte bei der Jagd nur eine Menge Glück, sonst weiter nichts.»

Der Medizinmann suchte seinen Sohn zu beschwichtigen. «Es mag ja sein, daß er bloß Glück gehabt hat, aber er hat außerordentlich gute Waffen.»

Grimmig fiel ihm Boro ins Wort: «Und er vergreift sich an den von mir auserwählten Frauen. Heimtückisch versucht er sich einzuschleichen in unsere Hütten, sucht Verbündete, auch noch unter unseren Jungen. Jetzt gilt eben nicht mehr: der Bär oder er. Jetzt muß *ich* die Sache in die Hand nehmen, bevor noch mehr Unfrieden ins Dorf kommt.»

Hano wurde es immer heißer in seinem Versteck. Von Weißkopf reden sie und von mir. Das ist also der Grund, warum sie mich nicht gleich erschlagen haben. Ich sollte den Bären töten, der Toores rächenden Geist in sich hat. Und sie wären auch nicht betrübt gewesen, wenn ich dabei draufgegangen wäre. «Der Bär oder er.» Sie wollten sich selber nicht die Finger mit meinem Blut beflecken. Wenn ich jetzt bloß meine schärfste Lanze dabei hätte.

«Ich werde ihn treffen. Hano ist doch nicht besser als Toore», ließ sich Boro wieder vernehmen. «Und du weißt ja, was mit Toore geschah.»

«Sicher», sagte der Alte. «Wenn auch Toore ein schlauer Fuchs war, so hat ihn dein Pfeil mit viel Glück doch ereilt.»

«Ha», rief Boro überheblich, «ich treffe immer, wenn ich will. Ich trage deinen Bärenzahn. Du hast es doch selbst erlebt bei Keiler, du warst ja dabei.»

«Aber sei vorsichtig, Boro. Die Geister geben keinen genauen Rat mehr. Dieser Hano ist schlau, und ich weiß nicht, was ihm Usi alles schon erzählt hat. Es kann sein, daß er über ihre Vermutungen bestens Bescheid weiß.»

Boro knurrte: «Ah, diese Usi. Gerade fing sie an, ein bißchen freundlicher zu werden, da taucht dieser Jäger auf, und ich habe wieder das Nachsehen. Ich will Usi, und ich werde sie bekommen! Dieser Hano muß sterben.»

Mörder, Mörder; dieses Wort pochte durch Hanos Schläfen.

«Es wird Zeit, daß du sie bald bekommst», fing der Medizinmann wieder an. «Ich bin alt, und wenn ich nicht mehr da bin, sollst du mein Werk fortsetzen. Aber das kannst du nur, wenn Usi deine Frau ist, denn ihr Vater hat auch die Geister rufen können. Meto wartet nur darauf, daß ich sterbe, um die Macht an sich zu reißen, aber wenn Usi deine Frau ist, kann dir keiner mehr den Rang streitig machen.»

«Hano muß ausgelöscht werden, denn solange er lebt, bekomme ich Usi nicht.»

«Wann willst du es tun?» fragte leise der Alte.

«So schnell wie möglich. Bei der nächsten Gelegenheit, wenn er weit genug vom Lager weg ist, erwische ich ihn. Er muß bald mal wieder über den Fluß, denn er hat schon lange kein frisches Wild mehr erlegt. Wer weiß, was er alles schon ausgeheckt hat. Es ist höchste Zeit. Auch wenn deine Geister dich noch so oft warnen, ich, Boro, der Bärentöter, werde Hano, diesen Eindringling, aus dem Leben schaffen.»

«Gut; ich werde wenigstens noch versuchen, deine Waffen mit einem guten Zauber zu belegen.» Damit erhob sich Eus und gab seinem Sohn einen Wink, er solle gehen. Dann verschwand der Medizinmann aus Hanos Blickfeld. Er hörte ihn nur noch murmelnd herumhantieren und irgendwelche Felle über den Boden schleifen. Schließlich blies er alle Fettlichter aus und verschwand in der Eingangsröhre, nicht ohne ein leises Ächzen hören zu lassen.

Hano blieb eine Weile erstarrt in seinem Versteck. Alles, was Usi ausgesprochen hat, ist wirklich wahr. Boro, dieser Mörder! Soll ich ihm nicht gleich nach und sein Leben auslöschen? Mir zittern schon die Hände danach. Aber wie soll ich das dem Stamm erklären? Der Alte ist der Medizinmann, und Boro ist sein Sohn. Ich bin doch für die meisten noch der Fremde. Erst muß ich den Leuten beweisen, was dieser Boro für Untaten verübt hat. Also ruhig bleiben und nach Beweisen suchen. Am besten hier.

Hano zwang sich, noch längere Zeit in seinem Versteck zu verweilen, aber nichts rührte sich mehr. Das Feuer in der Mitte knisterte noch in einigen verlöschenden Flämmchen. Hano achtete scharf darauf. Als die Glut nur noch schwach war, kam er endlich hervor.

Er griff sich einen der fettigen, angekohlten Knochen und tauchte ihn in das schwach leuchtende Rot. So hatte er wieder eine Flamme, die ihm beim Suchen Licht geben konnte.

Hinten in der Höhle waren noch mehrere Felsnischen. Davor entdeckte er sogar drei Totenschädel von Zweifüßlern, die Hirnschale eingeschlagen. So hat sich Eus also seine Macht als Medizinmann geholt, schoß es Hano durch den Kopf.

Er schaute in alle Winkel, aber außer auf ein paar Knochen, Bärenklauen und Eulenfedern stieß er nur auf einige Bündel Felle, die teilweise schon moderten.

Er wollte schon wieder gehen, als ihm unter einem Fell eine leichte Wölbung auffiel. Er griff darunter. Einen Köcher mit Pfeilen hielt er in der Hand. Erst schien ihm daran nichts Auffälliges, doch dann fiel ein Pfeil heraus. Hano hob ihn auf, sah bei der kleinen Flamme aber nicht genau dessen Zeichnung, nur irgendwelche Linien. Der Pfeil war schwer und hatte eine scharfe Spitze. «Wen auch immer dieses Geschoß trifft, es wird tödlich sein», murmelte er leise. Ein Verdacht stieg in ihm auf.

Er kroch vor zum Ausgang, wo wieder die Platte vorgeschoben war. Sachte drückte er den Stein ein Stück weg, äugte kurz hinaus und vergewisserte sich, daß seine beiden Feinde nicht mehr in der Nähe waren. Das Tageslicht fiel auf den Pfeil. Jetzt konnte Hano die Zeichnung genau erkennen.

Leise pfiff er durch die Zähne. Damit habe ich nicht gerechnet. Sieh einer an, der Pfeil hier ist genauso gezeichnet, wie der, den mir Usi gezeigt hat. Mit diesen Pfeilen wurden Keiler und Toore ermordet. Usi hat Recht, wenn sie Boro einen Mörder nennt, dieses Wort paßt für ihn. Ich hab' den Beweis in der Hand. Soll ich gleich mit den Pfeilen zu Usi rennen? Und wenn die zwei morgen wieder heraufkommen und die Pfeile holen wollen? Irgendwas muß ich unternehmen?

Nochmals prägte er sich genau die gelben Linien ein, mit denen der Pfeil gekennzeichnet war. Es mußte Eigelb sein. Dann brachte er sein Beweisstück wieder an Ort und Stelle und achtete darauf, daß das Fell wieder genauso darüberlag wie vorher. Bevor er sein Licht löschte, fiel ihm plötzlich auf, daß die hinterste Wand verschiedenfarbig war. Er hielt den brennenden Knochen näher hin und gewahrte einen aufgerichteten Bären in hellem Braun mit einem weißen Fleck auf dem Kopf. Ein schwarzer Strich war über seine Brust gezogen. Am Boden lagen aufgebrochene Eierschalen. Hano berührte zögernd die farbige Zeichnung, die einen leicht glänzenden Überzug hatte.

Eingetrocknetes Eiweiß. Das hält den Zauber an der Wand. Das ist der Ort, wo Eus die Geister befragt. Ich muß schnell verschwinden von diesem magischen Platz.

Hastig verließ Hano die Höhle und atmete erleichtert auf, als er im Tageslicht stand. Im Augenwinkel nahm er noch eine Bewegung wahr. Etwas Schwarzes verschwand zwischen zwei Felsbruchstükken. Hano riß seine Augen auf.

Ja, wirklich, da nimmt ein Wolf Reißaus. Ist es der, den ich hier schon gesehen habe? Wovor ist er weggelaufen?

Aufmerksam hielt er seine Augen auf den Felsboden gesenkt, als er langsam vom wieder verschlossenen Höhleneingang fortging. Nach ein paar Schritten entdeckte er etwas abseits an den Überresten eines umgestürzten Baumes ein rohes Stück Fleisch, das deutliche Bißspuren zeigte.

Verwundert beugte er sich zu seinem neuen Fund. Da hab' ich den Wolf also weggejagt. Wo kommt das Fleisch her? Es gibt nur zwei Möglichkeiten. Entweder ein Adler hat es fallen lassen oder ein Zweifüßler hat es hergebracht. Boro? Ob sie etwas in der Höhle verzehren wollten? Nein, am Ort, der den Geistern gehört, wird nicht gegessen. Der Wolf war schon mal da. Ob er weiß, daß hier öfter Fleisch liegt? Kann es sein, daß sie ihm das Stück mitgebracht haben? Das sind viele Fragen. «Du sollst mit den Wölfen jagen», hat Toore gesagt.

Aber jetzt muß ich Usi aufsuchen, bevor es dunkel wird. Die Pfeile! Schnell noch Lanze und Bogen holen.

Usi war freudig überrascht, als sie Hano kommen sah.

«Wirst du schon alt», scherzte sie, «und kehrst ohne Beute ins Tal zurück?»

«Ich war nicht auf der Jagd, ich bin nur so durchs Land gezogen, um nach den Wölfen zu schauen. Wir können viel lernen, wenn wir die Tiere genau beobachten.»

«Und das tust du mit Bogen und Lanze?»

«Ich gehe niemals ohne Bogen und Lanze. Du selbst sagtest doch, ich soll wachsam sein.»

Hano war weiter in Usis Hütte getreten und sah, daß neben dem Feuer gebratenes Fleisch lag. Auch ein paar Pilze waren dabei, die vom herabtropfenden Fett glänzten.

Usi bemerkte Hanos aufmerksamen Blick auf die Mahlzeit. «Hast du Hunger, Hano?»

Er schaute Usi ins Gesicht. Wie schön sie anzusehen ist. Und ich werde von ihr zu einer gemeinsamen Mahlzeit eingeladen!

Es dauerte eine Weile, bis er antwortete. «Wenn du mich einlädst und es reicht für uns, nehme ich gerne etwas an.»

Usi reichte ihm gleich Fleisch und Pilze. Hano aß mit sichtlichem Genuß. Es lag ihm auf der Zunge, ihr gradheraus zu sagen: «So gut hat mir ein Essen noch nie geschmeckt.» Aber er besann sich.

Er war noch am essen, als er fast beiläufig sagte: «Zeig mir doch nochmal die beiden Pfeile, ich will sie mir etwas genauer anschauen.»

«Warum willst du die Pfeile ansehen? Ist etwas geschehen?» Usi war leicht erschrocken.

«Nein, nein, nichts ist geschehen, ich möchte sie nur einfach nochmal sehen.»

Mit einem fragenden Blick stand Usi auf und holte die Pfeile. Hano hielt sie in seiner rechten Hand. Es gab keinen Zweifel, die Musterung war genau dieselbe.

«Was ist mit den Pfeilen?» fragte Usi nochmals.

«Es ist nichts mit ihnen. Ich sagte doch schon, ich wollte sie mir bloß nochmal anschauen, sehen, wie schwer sie sind, und so. Ich muß mir auch neue Pfeile machen.»

Usi reagierte gleich: «Pfeile kannst du von mir auch haben. Keiler hat noch eine Menge zurückgelassen.» Mit einer Anspielung auf ihr früheres Gespräch fügte sie scherzend hinzu: «Ich hab's mir überlegt; ich werde doch nicht das Bogenschießen lernen, denn da würde ich doch zu sehr auffallen.»

Sie ging hinüber zu den Fellen und brachte einen gut gefüllten Köcher.

Ein schön verzierter Köcher. Auch die Pfeile sind nicht schlecht. Dieser Keiler muß schon ein guter Jäger gewesen sein.

Lachend sagte Hano: «Es sind gute und scharfe Pfeile, doch ich bin an meine eigenen Waffen gewöhnt. Ich glaube, es wäre nicht gut, wenn ich diese Pfeile nehmen würde.»

«Glaubst du, daß deine Pfeile besser sind?» fragte Usi.

«Das habe ich nicht gesagt», meinte Hano. «Doch jeder Jäger hat seine eigenen Pfeile. Jeder verwendet immer die gleichen, weil er damit auch weiß, auf welche Entfernung er noch trifft und wie er den Bogen halten muß. Ich bevorzuge ziemlich schwere Pfeile, weil ich einen sehr festen Bogen habe. Verstehst du, warum es wichtig ist, daß ein guter Jäger immer nur seine eigenen Pfeile benutzt? Sonst kann es sein, daß ein wichtiger Schuß nicht so trifft wie er treffen sollte. Ein guter Jäger kann sich so einen Fehler nicht erlauben.»

Verlegen nahm Usi die Pfeile wieder zurück.

«Ich weiß», sagte Hano und berührte leicht ihre Hand, «daß du es gut mit mir meinst. Es ist schön, was du alles für mich tun willst.»

Er merkte, daß sie irgendwie verkrampft vor ihm stand. Ihr Atem war unruhig geworden. Sie schien noch auf einen entscheidenden Schritt von ihm zu warten.

Jetzt oder nie. Jetzt sollte ich sie in die Arme nehmen und sie ganz nah spüren. Unsere Zusammengehörigkeit.

Plötzlich stand eine Frau in der Hütte. Sie war vielleicht etwas älter als Usi und hatte einen sehr verkümmerten Unterkiefer und stark hervorstehende Schneidezähne.

Usi drehte sich sehr schnell um. «Ach, meine Freundin Mone.»

Lachend kamen aus ihrem verzerrten Mund die Worte: «Ich dachte, du bist alleine, und wollte dir nur mal Gesellschaft leisten.»

Dann trat sie vor Hano und sah ihn aufmerksam an. «Das also ist der große fremde Jäger. Ich habe dich schon ein paarmal hier im Tal gesehen, aber du hattest nie Augen für eine Frau. Deine Augen ähneln denen eines Wolfes, eines Wolfes, der auf der Flucht ist.»

«Ich war einmal auf der Flucht», antwortete Hano, «doch das ist lange her. Ich hoffe hier im Tal der schwarzen Wölfe eine neue Bleibe zu finden.»

«Ja, ja», sagte Mone, «dieses Tal ist schön, und du hast anscheinend auch schon die richtigen Freunde gefunden.»

Hano zuckte mit der Schulter.

«Was willst du, Mone?» fragte Usi fast ärgerlich. Die Gelegenheit, Hano wirklich für sich zu gewinnen, war im Augenblick vertan.

«Ich wollte nur, daß du den Abend nicht so alleine verbringst», entgegnete Mone.

«Das ist gar nicht der Fall.» Der gereizte Unterton in Usis Stimme war nicht zu überhören. Mone tat aber so, als bemerke sie das nicht. Sie wandte sich wieder Hano zu.

«Damals, als du den Bären getötet hast, war der ganze Stamm auf dich stolz, und er betrachtete dich schon fast als einen der ihren. Seit dieser Zeit sehen wir dich mit ganz anderen Augen, und jeder hier im Stamm weiß, daß du ein großer Jäger bist.»

Hano wußte, sie wollte ihm schmeicheln, doch ihm war nichts daran gelegen. Hatte doch diese häßliche Frau die Gelegenheit, sich Usi zu nähern, zunichte gemacht.

«Ich will jetzt das Frauengespräch nicht weiter stören», sagte er kurzentschlossen. «Ich muß in meine Hütte. Ich will morgen in aller Früh aufbrechen, und wenn ich Erfolg habe, bringe ich dir was mit. Also dann, bis zum nächsten Mal, Usi.»

Die junge Frau begleitete Hano noch aus der Hütte. Es wurde schon empfindlich kühl. Als sie draußen alleine waren, fragte Hano: «Wer ist diese häßliche Alte?»

«Sie ist schrecklich. Ein neugieriges, mürrisches und zänkisches Weib. Niemand will mit ihr was zu tun haben. Manchmal läuft sie mir nach, als schulde ich ihr etwas», gab Usi zur Antwort.

«Hat sie keinen Mann?»

Usi mußte lachen. «Woher denn? Wer wird sich denn so eine nehmen? Sie stellt den Männern nach, doch die flüchten vor ihr wie das Wild vor dem Jäger.»

«Also bis bald», sagte Hano und streichelte leicht ihre Wange. Sie hob ihre Hand auf seine, ließ sie dort eine Weile ruhen und löste sich dann sachte.

«Paß auf dich auf», sagte Usi noch. «Sei schlau, halte die Augen offen!»

Er ließ Usi stehen und ging. Diese Wärme in ihrem Gesicht und ihrer Hand! Was für Erinnerungen das weckt. Usi wird mir nicht nein sagen. Es wird nicht mehr lange dauern, dann ist sie meine Frau … Es kann gar nicht mehr anders kommen.

Schnell stieg er zu seiner windigen Behausung hinauf.

Weißkopf

Am nächsten Morgen fand Hano sich in Schweiß gebadet. Was für ein Traum. Da war doch eine Eule. Es muß irgendwo unten am Fluß gewesen sein. Auf einem alten morschen Baum saß sie. Es war eine seltsame Eule, eine große; ja, sie hatte die Größe eines Mannes. Diese Eule trug ein gelb gestreiftes Gefieder, aber sie stand auf knochigen Beinen, die keine Krallen hatten, sondern Zehen wie unsereiner.

Sagt mir dieser Traum etwas? Bei meinem früheren Stamm war die Eule ein Bote des Todes. Ein Vogel aus einer anderen Welt, in der ewige Dunkelheit herrscht. Die Geister wollen mir sicher etwas mitteilen. Aber soviel habe ich bei meinem Vater über die Traumweisheiten noch nicht gehört. Eus sieht doch wie eine Eule aus. Hat der Geist von Eus mich warnen wollen?

Der neue Tag kündigte sich an. Hano erhob sich, um sich zu stärken.

Er blieb noch eine Weile sitzen. Gefahr droht. Aber ich kenne sie. Das ist was anderes, als wenn in den Bergen sich plötzlich ein schwerer Stein löst und in die Tiefe poltert.

Ein grimmiges Lächeln stahl sich auf seine Lippen. Ihr zwei Mächtigen, die ihr mit tödlichen Plänen das Schicksal des Stammes für euch entscheiden wollt, ihr habt einen Fehler gemacht. Ihr habt offen über meinen Tod gesprochen, aber ihr wart nicht alleine. Euer Opfer hat mitgehört. Jetzt muß das Gesetz des Lebens entscheiden. Wie hat Toore gesagt? «Eine Gefahr ist keine Gefahr mehr, wenn du sie erkannt hast und weißt, wo der Gegner steht.»

Hano ging zu seinem Vorrat an Pfeilen und suchte sich diejenigen mit den feinsten und schärfsten Spitzen heraus. Ja, ich muß die Entscheidung suchen. Ich darf mich von dem Mörder nicht wehrlos überrumpeln lassen. Nicht ich werde der Überraschte sein, sondern er, Boro. Ich muß ihn auf meine Spur locken. Solange er lebt, muß ich um mein Leben fürchten, und genauso ist Usi in Gefahr. Hier im Tal bin ich sicher. Boro wird es nicht wagen, mich offen anzugreifen. Und für einen ehrlichen Zweikampf, wie es bei uns Sitte war, ist er, glaube ich, viel zu feige.

Ich habe mein Geheimnis. Nicht einmal Usi habe ich es verraten, denn was weiß ich, was sie in ihrer Angst und in ihrem Haß gegenüber Boro alles anrichten wird. Es sollen schon gute Jäger gestorben sein, nur weil sie ihrer Frau zuviel erzählt haben. Eine Frau ist schon ein seltsames Wesen, ihr Verhalten ist nicht immer zu ergründen. Wenn alles vorbei ist, kann ich Usi ja ausführlich Bericht erstatten.

Vorsichtig lugte Hano aus seiner Hütte. Wird sich alles ändern, wenn Boro ausgeschaltet ist? Ich habe mein Leben neu begonnen, doch bis zum heutigen Tag bin ich hier *ein Fremder* geblieben. Was wird mit dem Medizinmann? Im Augenblick kann ich diese Fragen noch nicht beantworten.

Hano kam auch nicht dazu, weiter zu überlegen, denn er hörte von etwas oberhalb seines Standortes zweimal hintereinander Steine krachen, die ein Tritt losgelöst haben mußte.

Wild oder Zweifüßler? Das kann Boro sein. Der sitzt jetzt über mir in den Bergen und beobachtet mich, ob ich bald auf die Jagd gehe. Den werde ich noch ein bißchen warten lassen, seine Geduld herausfordern. Wer ungeduldig ist, macht schnell mal einen Fehler.

Vor seiner Hütte sitzend, versuchte Hano angestrengt, den Geist seines heiligen Tieres, des Adlers, zu beschwören. Er legte in einen kleinen Steinkreis so viele Adlerfedern, wie er Pfeile in seinen Köcher gesteckt hatte, und versuchte außen herum mit einem schwarzen Stein die Klaueneindrücke eines Wolfes in den Boden zu drükken. Er wollte auch den Beistand der schwarzen Wölfe gewinnen. Dann stand er auf mit der Gewißheit, daß seinem stechenden Adlerblick heute nichts entgehen würde.

Als er endlich sein Lager verließ, nahm er sich viel Zeit. Er wollte gesehen werden. Langsam schlenderte er dem Fluß zu. Unterhalb des Dorfes sah er Federhand, der sich mit Gleichaltrigen im Lanzenwurf übte. Junge Birken, die sie mit verschiedenen Fellstücken behängt hatten, dienten als Ziel. Hano ging zu ihnen hinüber, um die Künste der jungen Jäger zu begutachten. Dabei verkündete er der Gruppe, daß er über den Fluß hinüber in den Auenwald wollte. Das Dorf sollte wissen, wo er zu finden war.

Zuletzt sagte Hano zu Federhand: «Bei diesem warmen Wetter könnte vielleicht noch eine große Herde durch die Ebene ziehen, auf ihrem Weg ins Winterquartier. Kann ja sein, daß es nochmal wirkliche Arbeit für euch gibt.»

Federhand meinte nur: «Ich bin jederzeit bereit. Aber paß auf, daß du heute nicht zu naß wirst.»

Hano schritt in aller Ruhe davon und blickte zum Himmel. Da kamen tatsächlich dunkle Wolken von der Ebene hergezogen, die die feuchtwarme Luft vor sich hertrieben. Über dem Fluß hing eine Nebelglocke, die das Gelb des Herbstlaubes auf der anderen Uferseite nur als Farbfleck durchschimmern ließ. Bald würde der Winter, dieser rauhe Geselle, Einzug halten. Hano brauchte noch ein paar fette Stücke frischen Fleisches, um nicht später den Hunger bei sich zu Gast zu haben.

Vorsichtig stieg er in den Fluß. Ist Boro schon da, um mir aufzulauern? Wenn ich zu früh aufgebrochen sein sollte, macht es auch nichts, denn ich brauche sowieso frische Beute. Ich will in der Frostzeit nicht von dem leben, was mir die Wölfe übrig lassen.

Das Wasser war für die Jahreszeit noch erstaunlich warm. Der Fluß hatte beinahe seinen Tiefstand erreicht; Hano ging in der Flußmitte, das Wasser reichte ihm nur bis zur Hüfte.

Er drehte vorsichtig noch einmal den Kopf zur Seite.

Boro ist nicht zu sehen. Hier mitten im Fluß bin ich ohne Dekkung. Ein gut gezielter Schuß, und es ist aus. Das Wasser würde meinen Körper forttragen, und wer weiß, an welchem Ufer es mich an Land spült.

Der Fluß war schnell durchquert. Hano verließ eilig das feuchte Naß und verschwand im dichten Unterholz. Wenn Boro mir folgt, muß er auch über den Fluß. Ja, es wäre das Leichteste, ihn hier zu töten. Er wird nie damit rechnen, daß ich hier auf ihn warte. Aber das ist kein guter Einfall. Ich würde genauso gemein und hinterhältig wie Boro handeln und einen Mord verüben. Ich bin kein hinterhältiger Mörder. So stark bin ich, daß ich Boro im Zweikampf gegenübertreten kann. Er wird mich zu finden wissen.

Absichtlich eine deutliche Spur im schlammigen Boden hinterlassend, strebte Hano auf eine Kuppe zu. Dort stand ein Baum, auf dessen untersten Ast er sich schwingen konnte. Hier hatte er den ganzen Eingang zum Tal der schwarzen Wölfe im Blick. Er war noch gar nicht lange auf seinem Aussichtsplatz, da erschien drüben jemand, und Hano wollte seinen Augen erst nicht trauen.

Drüben steht tatsächlich Boro. Also doch. Gut, wenn du es so haben willst, dann komm nur rüber. Es wird dein letzter Tag sein, an dem du auf Jäger Jagd machst. Ich seh' es doch von hier aus, was du vorhast; nicht einmal eine Lanze hast du mitgenommen. Wozu auch, wenn du auf der Jagd nach Zweifüßlern bist?

Boro stieg ins Wasser. Hano ließ sich lautlos auf den Boden fallen und ging schnell landeinwärts. Er achtete weiter darauf, daß seine Spur sichtbar blieb.

Vor ihm stieg das dicht bewaldete Gelände an. Wohin soll ich gehen? Irgendwo muß ich mich verstecken. War hier nicht ein freier Platz mit großen runden Steinen, wie geschaffen für eine Auseinandersetzung unter Männern? Oder dort die Eiche? Warum nicht, sie ist auf fast allen Seiten von dichtem Gestrüpp umstanden, da weiß ich, von wo mein Gegner auftauchen muß. Es ist vielleicht gut, über anderen zu stehen. Und Boro wird nicht auf den Gedanken kommen, daß ich oben im Geäst bin und auf ihn warte.

Die Herbstfärbung des Eichenlaubs verbarg Hano auch besser, als saftiges Grün es getan hätte. Die Eiche hatte einen breiten Ast, auf dem Hano sicher stehen konnte. Seine Lanze legte er auf zwei Astgabeln. Gegen Boro würde er sie nicht brauchen. Entschlossen legte der Jäger schon einen Pfeil auf.

Hano stand fest auf dem Ast, im Gezweig verborgen. Es war still, nur das Summen auffällig vieler Bienen war im Baum zu hören. Hano blickte in die Richtung, aus der Boro auftauchen mußte. Aber der ließ sich anscheinend Zeit.

Hat er meine Spur nicht gefunden? Unmöglich, sie war doch auffällig genug. Oder hat er noch Zweifel? Vielleicht hat er noch die warnenden Worte seines Vaters im Ohr?

Hano kam nicht mehr dazu, weiterzudenken; dort kam Boro.

Hanos Gegner suchte mit seinen Augen sorgfältig die Umgebung ab. Die vielen Büsche schienen ihn sehr mißtrauisch gemacht zu haben. In seiner linken Hand hielt er den schußbereit gespannten Bogen.

Hano klopfte das Herz bis zum Hals. Ich muß aufpassen und vor allem ruhig bleiben. Er ist sofort schußbereit. Ich muß ihn aber noch näher kommen lassen. Ich werde auch nicht schießen, bevor ich ihn nicht angerufen habe. Er muß mir noch gestehen. Jetzt, jetzt könnte ich es machen.

Er wollte gerade rufen, als hinter Boro aus der Mulde in schnellem Trott ein gewaltiger Bär auftauchte. Seine obere Kopfhälfte war weiß, so weiß wie der Schnee.

Hano blieb die Stimme im Hals stecken. Was für ein Bär! Der sagenhafte Weißkopf! Dieses Tier hat wirklich so weiße Kopfhaare, wie Toore sie trug. Kommt Toore mir zu Hilfe? Kann es sein, daß sein Geist als Bär durch die Lande zieht? Warum hört Boro den Bären nicht?

Der Weißkopf war schon ganz nahe an Boro herangekommen. Das Tier verhielt kurz, dann richtete es sich schon auf zum Angriff ohne Vorwarnung.

Hano schrie laut: «Boro, paß auf! Hinter dir der Bär!»

Aber Boro hielt den Kopf noch auf die Eiche vor ihm gerichtet. Er hatte Hano vor sich. Blitzschnell riß er den Bogen hoch.

Hano schrie noch einmal laut: «Der Bär, Boro!» Doch Boro hörte nichts, er war blind und taub vor Haß. Es ging alles so schnell, daß er gar nicht mehr zum Schuß kam.

Boro konnte lediglich noch vor der Annäherung hinter ihm zusammenzucken; als er sich jedoch umwenden wollte, da stürzte sich der Bär schon auf ihn. Durch den heftigen Angriff fiel Boro vornüber, und im Fallen schoß sein Pfeil aus dem hochgereckten Bogen steil in die Luft. Das riesige Tier war sogleich über dem am Boden Liegenden.

Boro versuchte, sich seitwärts zu drehen, aber das Gewicht und die Kraft Weißkopfs waren zu groß.

Die Tatzen auf die Oberarme seines Opfers gedrückt, biß der Bär

Boro ins Genick. Hano glaubte, das Knacken der Knochen zu hören. Dieser Bär mußte eine unbändige Wut haben.

Hano ließ pfeifend die angehaltene Luft aus den Zähnen entweichen. Ich war entschlossen, Boro zu töten, aber dann taucht plötzlich dieser Weißkopf auf und tut es für mich. Dieser Bär ist gefährlich stark. Er greift wirklich jeden Zweifüßler sofort an. Aber vielleicht ist jetzt Toores Geist erlöst. Aber bin ich nicht jetzt auch in Gefahr? Flüchten kann ich nicht vor dieser grausamen Bestie.

Der Bär hatte nach seinem tödlichen Biß von seinem Opfer abgelassen. Er schnupperte brummend um sich. Wohl witterte er noch einen zweiten Feind. Tatsächlich setzte er sich auf Hanos Eiche in Bewegung.

Das Ungetüm von Bär blieb nicht vor dem Baum stehen, es machte Anstalten, hochzuklettern.

So etwas habe ich noch nie gesehen. Dieser Bär muß vor lauter Haß auf Zweifüßler den Verstand verloren haben.

Glücklicherweise hatte Hano seinen Bogen schon gespannt. Aber mit dem Körper am Stamm bot der Bär kein gutes Ziel. Da war nicht ins Leben zu treffen. Hano zielte deshalb auf den Hals und ließ schnell den ersten Pfeil sausen. Der Bär zuckte zusammen. Er riß sein Maul auf und brüllte laut seinen Schmerz heraus.

Hano hatte einen zweiten Pfeil aufgelegt und traf nochmals beinahe die gleiche Stelle. Er wußte freilich, daß er mit seinen Pfeilen auf diese Art den Bären nicht töten konnte. Aber die Spitzen steckten tief, am Hals bildete sich ein dunkelroter Fleck. Das große Tier brummte und röchelte dumpf, ließ aber nicht von seiner Kletterei ab.

Hano spürte sogar ein leichtes Schwanken seines Astes. Warte nur, Weißkopf. Wag dich nur weiter herauf. Jetzt entscheidet es sich, wer wem den Tod bringt.

Flink hängte Hano den Bogen in die Zweige. Sein vierbeiniger Gegner hatte den Oberkörper mühsam über den untersten Ast geschwungen. Er blutete stark, aber es war kein Herzblut. Hano konnte schon den stickigen Atem des Tiers riechen. Jetzt hatte er die Lanze fest im Griff und holte weit aus. Als Weißkopf sich wieder streckte, konnte der Jäger aus nächster Nähe zustechen. Seine ganze Kraft legte er in diesen Stoß.

Laut brüllte der Bär auf. Hano hielt die Lanze fest. Langsam rutschte das massige Tier den Stamm hinunter. Die Lanzenspitze glitt aus seiner Brust. Der Bär konnte sich nicht mehr halten und fiel zu Boden. Ein heiseres Röcheln drang aus seinem Rachen.

Doch jetzt mußte sich Hano noch anderer Gegner erwehren. Beim Ausholen mit der Lanze hatte er ein Bienennest in einer Astgabel getroffen. Die aufgeschreckten Insekten surrten um seinen Kopf. Schon hatte er einen Stich in der Backe. Mit der einen Hand um seinen Kopf wedelnd, mit der anderen noch die Lanze im Griff, ging Hano einen Ast tiefer und sprang hinunter zu seinem Feind, ohne sich vergewissern zu können, ob der schon endgültig erledigt war.

Weißkopf war noch nicht am Ende. Direkt vor Hano kam er noch einmal auf die Beine. Er taumelte stark, versuchte aber einen Angriff. Hano sah dem Tier in die Augen. Er sah darin wilden Haß, aber er erkannte auch, daß sie ihren Glanz schon verloren. Er hatte den Bär ins Leben getroffen. Hano brauchte keinen schweren Kampf mehr zu fürchten.

Aufrichten konnte Weißkopf sich nicht mehr. Seine Beine knickten ein, er fiel auf die Seite. Sein ganzer Körper zuckte. Der Bär versuchte noch einmal, den Kopf zu heben, doch auch das gelang nicht mehr so recht. Noch ein paar Mal bewegten sich seine Glieder, dann lag der schwere Körper leblos am Boden.

Hano ließ die Lanze sinken. Großer Bruder Weißkopf, du wirst keinen Zweifüßler mehr töten. Der Schrecken des Tales ist von meiner Hand bezwungen worden.

Vor Hanos Füßen lag Bruder Weißkopf, und nicht weit entfernt lag Boro. Langsam ging der Jäger, sich die Backe reibend, hinüber zu dem anderen leblosen Körper. Der Bär hatte ganze Arbeit geleistet.

Hano sprach laut: «Boro, du wolltest mich töten. Die Geister waren aber auf meiner Seite, sie haben mir diesen Bären zur Hilfe geschickt. Ich habe dich noch gewarnt. Du aber warst blind, blind und taub vor Haß. Was wird dein Vater sagen, die schlaue Eule?»

Er überlegte. Was soll ich den Leuten im Tal erzählen? Nein, nicht die ganze Wahrheit. Wichtig ist, daß der Bär getötet wurde. Aber wie erklär' ich das mit dem Baum? Soll ich sagen, ich hätte Misteln in der Eiche gesucht? Dann würde ich meine Medizinmann-Kenntnisse verraten ... Die Bienen könnten mir helfen.

Hano ging noch einmal zurück zum Baum und betrachtete eingehend den Stamm. Ja, Kratzspuren sind genügend da. Dann kann ich sagen, ich hätte die Spuren gesehen und wäre hinaufgeklettert, um herauszufinden, warum ein großes Tier auf dem Baum gewesen ist. Der Stich in der Backe kann beweisen, daß ich ein Bienennest entdeckt habe. Bären lieben Honig über alles.

Hano vergewisserte sich, daß die Bienen oben sich einigermaßen beruhigt hatten. Dann holte er schnell den Bogen aus dem Geäst und ging noch einmal zu Boros Leiche.

Er blickte einige Zeit auf den Toten. Wie werden es deine treuen Gefährten aufnehmen, daß du tot bist? Oder waren sie vielleicht gar nicht so treu, wie sie immer taten? Ich habe schon lange den Verdacht, daß viele dir nur schmeichelten. Du selbst wirst es auch gewußt haben, und deshalb mußt du einsam gewesen sein, Boro; sehr einsam. Ich glaube, du warst einsamer als ich. Denn du konntest niemandem vertrauen. Echte Freunde hast du wohl keine gehabt.

Hano riß sich von dem schrecklichen Anblick los und machte sich auf den Weg. Am Fluß setzte er sich erst einmal hin. Immer noch hing die Nebelglocke über dem Wasser. Nur schemenhaft waren die Felsen, die das Tal der schwarzen Wölfe umgaben, zu erkennen.

Hano stand auf. Ich muß rüber und ihnen die Nachricht überbringen. Ich kann es kaum noch abwarten. Gelassen bleiben. Das Gesetz des Lebens hat gesprochen. Zuerst muß ich es Boros Vater mitteilen. Eus, die schlaue Eule, könnte mißtrauisch werden, denn er weiß ja, was sein Sohn vorhatte. Aber wo soll da groß Mißtrauen entstehen? Mein Gewissen ist rein. Boro ist von einem Bären getötet worden, und ich bin dazugekommen und habe das schreckliche Vieh erlegt. Das ist ja eigentlich auch die Wahrheit, nur das mit dem Dazukommen stimmt nicht so ganz. Aber gibt es einen, der mir was anderes beweisen kann?

Langsam stieg er ins Wasser. Diesmal erschien ihm der Fluß schon viel kälter.

Das gegenüberliegende Ufer schälte sich aus dem Dunst. Das Tal der schwarzen Wölfe. Nun, nach Boros Tod, habe ich keinen direkten Gegenspieler mehr. Höchstens noch der Alte. Aber der wird jetzt zeigen müssen, ob er wirklich Herr des ganzen Tals ist. Dieses Tals, das mein Schicksal ist.

Kaum hatte Hano das andere Ufer erreicht, da beschleunigte er seinen Schritt. Er wollte alles möglichst schnell hinter sich bringen.

Er steuerte direkt auf die Hütte des alten Medizinmannes zu. Im Augenblick der Todesnachricht wird der Alte sicher entsetzt sein und Fehler machen. Fehler, die ich nutzen muß.

Hano stellte sich vor den Eingang und rief: «Hier ist Hano. Ich habe eine wichtige Nachricht für Eus.» Es rührte sich nichts. Hano schrie noch einmal den Namen des Medizinmannes.

Wesu, der klein gewachsene Jäger, kam hinzu und sagte, daß der Medizinmann sicher seine Nachmittagsruhe halten würde.

«Ich kann nicht warten, bis Eus wieder von den Geistern zurück ist. Ich muß ihm dringend etwas berichten», erklärte Hano ungeduldig.

«Das mußt du wissen, wie sehr du dir den Zorn des Gewaltigen zuziehen willst. Du kannst es ja probieren, ihn zu stören», sagte Wesu spöttisch.

Hano wagte es, den Raum zu betreten. Ein schwaches Feuer glühte. Es sah gespensterhaft aus, denn die Behausung war vollgestopft mit Trophäen erbeuteter Tiere. Schädelfelle größerer Beutetiere, die für verschiedene Riten als Kopfputz aufgesetzt wurden, hingen in einer langen Reihe an Knochenhaken, die durch die Wandbespannung getrieben waren. Büffel- und Steinbockhörner waren in einer Ecke aufgeschichtet.

Der Alte lag auf seinem Lager und rührte sich nicht. Er war im Land der Träume. Hano trat neben ihn und betrachtete eingehend sein Gesicht. Er glaubte, auf dem Mund des Medizinmannes ein kleines Lächeln zu sehen. Warum muß der Alte lächeln? Träumt er gerade, wie Boro mich tötet? Gleich wird ihm das Lächeln vergehen. Der Traum ist aus einer anderen Welt. Die Wirklichkeit sieht meist weniger gut aus.

Derb schüttelte Hano den Alten an der Schulter. Erschrocken riß Eus die Augen auf. Mit einem Ruck fuhr er hoch.

«Was willst du hier? Wer hat dir erlaubt, in meine Hütte zu treten?» schrie Eus. Seine Stimme klang schrill.

Hano blieb ungerührt vor Eus' Lager stehen, als der Alte vor ihm zurückwich. Angst hat er wohl. Sein Gewissen ist nicht rein.

Und wieder schrie der Alte: «Was ist los? Was willst du?»

Hano sah, wie die Augen des Medizinmannes wild suchend im Raum herumirrten. Was sucht er? Sucht er Boro?

«Ich habe keine schöne Nachricht für dich. Rufe deine Geister um Beistand an, Magier. Ich muß dir nämlich mitteilen, daß dein Sohn Boro von einem Bären angefallen worden ist, drüben auf der anderen Seite des Flusses.»

«Boro», brachte der Alte in beinahe jammerndem Ton heraus, «was ist mit Boro?»

«Boro ist tot», sagte Hano. Dabei blickte er dem Medizinmann voll ins Gesicht, um seine Reaktion zu sehen.

Eus fing sich unerwartet schnell.

Er schluckte nur kurz und fragte dann ziemlich sachlich: «Wann wurde Boro von einem Bären angegangen?»

«Kurz vor Mittag; er muß wohl auf der Jagd gewesen sein, genauso wie ich. Ich hörte ihn schreien und rannte hin. Aber ich kam schon zu spät. Der Bär versuchte, mich auch noch anzugreifen, aber ich hatte meine Lanze dabei und konnte ihn töten. Es ist mir unverständlich, daß ein erfahrener Jäger, wie Boro es sein wollte, ohne Lanze zur Jagd gegangen ist. Sonst hätte ihn der Bär wohl nicht so schnell überwältigen können.» Hano zog stark die Brauen zusammen. «Ist es möglich, daß er etwas Bestimmtes jagen wollte?»

Eus starrte vor sich hin. Er gab keine Antwort auf Hanos Frage.

Ich verstehe schon, warum er stumm bleibt. Er weiß doch alles über Boros Vorhaben. Wundern muß ich mich nur, wie gelassen er bleiben kann.

Endlich ließ sich der Medizinmann wieder vernehmen: «Was für ein Bär war das?»

«Ein kolossaler Bär», antwortete Hano. «Er hat auffallend weiße Haare auf der oberen Kopfhälfte, schneeweiß.»

«Weißkopf», murmelte der Alte tonlos. Es war eine Weile ruhig im Raum. Dann fing Eus wieder zu sprechen an. «Also doch. Ich wollte es nicht glauben, aber die Geister haben es mir im voraus gesagt.»

«Was haben dir die Geister gesagt?» wollte Hano wissen.

«Daß diesen Weißkopf keiner der Jäger aus unserem Stamm besiegen kann. Es wird ein Fremder sein, ein großer Jäger, der den Weißkopf tötet.»

«Haben dir die Geister nichts von Boros Tod gesagt?» fragte Hano weiter.

«Doch, aber sie haben keinen genauen Tag genannt», meinte Eus mit rauher Stimme. «Leg etwas Holz nach, Hano; es ist kalt.»

Hano legte einige Stücke nach. Bis das Feuer neue Nahrung gefunden hatte und sich wieder gierig ausbreitete, hockte Eus ganz zusammengesunken auf seinem Lager. Es schien so, als wollte er den Kopf zwischen seinen Knien verstecken.

Als das Feuer prasselte, sagte Eus: «Dein Gesicht. Ich sagte dir bereits, ich muß es schon mal gesehen haben, und zwar so, wie es sich jetzt im Schein des Feuers spiegelt. Ich weiß nur nicht, wo es war. Aber ich hab' es gesehen, und es war böse. Selbst die Geister konnten mir keine genaue Auskunft geben.» Eus schnaufte einmal heftig auf. «Du hast nun den Weißkopf getötet, deine letzte Prüfung.»

«Kann ich jetzt die volle Stammeswürde bekommen?» ging Hano begierig auf die letzte Aussage von Eus ein.

«Ich werde die Geister befragen», meinte Eus nur ausdruckslos. Er erhob sich von seinem Lager und befahl: «Geh und sag den anderen Bescheid. Holt meinen Sohn über den Fluß und den Weißkopf auch. Ich selber will nicht dorthin. Ich will nicht zu der Stätte des Grauens.»

Der Pfeil

Hano eilte von Hütte zu Hütte. Schnell verbreitete er die Neuigkeit. Viele Männer des Stammes eilten mit ihm herunter zum Fluß. Federhand und seine Genossen waren auch dabei. Ebenso ließ Meto, als er von Boros Tod hörte, von der Arbeit an einem Fell ab und kam mit.

Hano führte sie. Sie folgten ihm, als wäre er ihr Häuptling.

Einige durchwateten den Fluß, die anderen benutzten die zusammengebundenen Baumstämme.

An der Stätte des Kampfes hatte sich nichts verändert.

Hano beobachtete die Jäger sehr genau. Erst traten sie zum verstümmelten Leichnam Boros, gingen dann aber sofort zu der Stelle, an der der gewaltige Höhlenbär lag.

«Was für ein Bär! Es ist tatsächlich der Weißkopf», konnte Hano von verschiedenen Seiten hören. Ehrfürchtig betrachteten die Jäger das tote Tier. Plötzlich schlug einer der Jäger Hano auf die Schulter. Er stieß einen wilden Schrei aus, und alle anderen fielen mit ein.

«Weißkopf ist tot», rief Meto. «Er wurde getötet von einem großen Jäger, von einem Jäger aus dem Stamm der schwarzen Wölfe!» Alle schrien wild durcheinander.

«Ja», rief ein anderer, «unser Stamm hat die besten Jäger. Sie kämpfen sogar, wenn es sein muß, gegen Geister, und Hano hat heute einen Geist getötet.»

Hano hob die Hände, und das Geschrei verstummte allmählich. In diese Stille hinein sagte er: «Ich freue mich, daß ihr mich als euresgleichen anseht. Ich hoffe, ich werde auch von Eus aufgenommen. Aber wir sind hier, um Boro und den Bären über den Fluß zu bringen. Also fangt an. Wir wollen den Weißkopf unzerlegt hinüberschaffen. Diesen gefährlichen großen Bruder sollen alle so sehen, wie er war, als er noch lebte.»

Für den Abtransport waren schon Stangen und ein großes Fell mitgebracht worden. Mit vereinten Kräften wurde der Bär auf das Fell gerollt, um ihn zum Fluß zu schleifen. Danach erst gingen zwei Jäger zu Boros Körper. Einer drehte den Leichnam um. Er war gräßlich zugerichtet. Der tote Jäger wurde auf den Schultern weggetragen.

Federhand stand dabei. Er bückte sich und hob Boros Bogen und Köcher auf. Den Bogen in der Hand, schaute er sich noch weiter auf dem Gelände um. «Hatte denn Boro keine Lanze dabei?» fragte Federhand und schaute dabei Hano an.

«Soviel ich weiß nicht, ich hab' keine gesehen.»

«Das versteh' ich nicht», meinte der junge Jäger. «Boro ging doch nie ohne Lanze zur Jagd.»

«Ja, ja», lächelte Hano, «du denkst jetzt sicher an deinen eigenen Fehler. Aber du sollst aus dieser Beobachtung deine eigenen Schlüsse ziehen.»

Hano blickte sich um. Nur Meto war außer den beiden noch dageblieben. Der Jagdführer stand an der Eiche. Hano ging zu ihm hin.

«Ist irgend etwas Ungewöhnliches an dem Baum?» wollte Hano wissen.

«Da, die Spuren in der Rinde», sagte Meto.

«Ja, das war Weißkopf.» Hano vergewisserte sich mit einem langem Blick noch einmal, daß er Meto durch und durch vertrauen konnte. Dann sagte er: «Du sollst noch mehr Dinge erfahren, wenn du versprichst, nichts herumzuerzählen. Du und Federhand, ihr seid schon immer meine Vertrauten gewesen.»

Meto nickte nur bestätigend. Also fuhr Hano fort: «Oben im Baum, siehst du, dort in der Astgabel, ist ein Bienennest. Ich war oben, bin sogar gestochen worden. Weißkopf war auf den Honig scharf. Er hat Boro überrascht, als ich noch im Baum war. Ich weiß aber auch, auf wen Boro scharf war. Federhand hat ja gleich bemerkt, daß er keine Lanze dabei hatte. Federhand, wo ist er denn?» Hano blickte sich um.

Federhand kam gerade aus dem Dickicht. Er rief den beiden Jägern zu: «Seht mal, was mir zufällig in die Hände gefallen ist.»

Federhand trat zu den beiden, in der Hand den Pfeil, der Boro beim Angriff des Bären vom Bogen geschnellt war. Er streckte ihn den beiden entgegen. Meto nahm Federhand gleich den Fund ab und besah sich aufmerksam die gelben Bänder, die den Schaft zierten.

Hano hielt sich zurück. Sie haben nun alle Beweise in der Hand. Jetzt muß ich ihnen gegenüber mit der Wahrheit herausrücken.

Metos Augen wurden immer größer. «Kein Zweifel, das ist einer der Todespfeile.»

«Du kennst so einen Pfeil?» fragte ihn Hano.

«Ich meine schon, aber ich kann es kaum glauben.»

Hano deutete hinüber zum Köcher. «Dort drin sind noch drei mit der gleichen Zeichnung. Ihr werdet euch wundern, aber auch ich weiß, was es mit diesen Pfeilen auf sich hat. Sie sind für die Menschenjagd. Keiler und Toore sind damit getötet worden. Usi hat sich die Todespfeile aufgehoben und sie mir gezeigt. Diese da waren für mich bestimmt. Ihr habt mich ja schon gewarnt. Und nun seht ihr, wie recht ihr hattet.»

Federhand und Meto rissen die Augen auf vor Überraschung. Dann sagte Meto: «Wenn diese Pfeile in Boros Köcher stecken, dann gibt es darauf nur eine Antwort. Boro war es, der Keiler und Toore getötet hat.»

«Diese Antwort ist berechtigt», meinte Hano. «Boro war ein Mörder, einer, der heimtückisch Zweifüßler tötet. Usi hat es schon immer gewußt. Wir haben jetzt die Beweise. Aber die Taten liegen schon lange zurück. Boro hat es hart genug getroffen. Weißkopf hat die Toten gerächt. Wir müssen das Geheimnis für uns bewahren, sonst gibt es Unfrieden im Dorf. Boro kann für seine Morde nicht mehr zur Rechenschaft gezogen werden.»

Federhand fuhr dazwischen: «Aber sein Vater steckt doch mit ihm unter einer Decke!»

Meto widersprach: «Eus wird nichts davon gewußt haben.»

Hano ging wortlos davon. Er wollte in den Streit seiner beiden Freunde nicht eingreifen. In alles wollte er sie nicht einweihen. Er nahm sich nur einen von Boros Pfeilen mit und versteckte ihn unter seinem Fell.

Als Hano den Fluß erreichte, hatte die Jägerschar mit dem Bären und Boros Leichnam schon übergesetzt. Hano verharrte noch kurz am Ufer. Wie wird es weitergehen? Wie wird der Alte dem Leichnam seines Sohnes gegenübertreten? Eus kann viel aushalten. Meto und Federhand sind in mein Geheimnis eingeweiht. Ich möchte nicht, daß sie es weiterverbreiten. Aber Usi werde ich einen neuen Pfeil bringen für ihre Sammlung.

Langsam näherte sich Hano dem Dorf. Alles, was zwei Füße hatte, war auf den Beinen. Um Boros Leichnam hatte sich ein Kreis gebildet. Zuletzt kamen Federhand und Meto und legten Bogen und Köcher des Jägers zu dem Toten. Der Köcher war leer.

Hano war gespannt darauf, ob der alte Medizinmann in der Lage sein würde, die Totenklage zu halten.

Er drängte sich in den Kreis. Die dort standen, machten ihm bereitwillig Platz. Bald war er vorne in der ersten Reihe. Da kam auch schon Eus im Wolfspelz und deckte ein großes Fell über seinen Sohn. Er stellte sich neben den Toten, hob beide Hände zum Himmel und murmelte unverständliche Worte.

Hano beobachtete den Medizinmann scharf. Jetzt stand er leicht vornübergebeugt, gestützt auf seine Lanze. Die alte Eule hat tatsächlich Tränen in den Augen. Er fühlt also doch wie unsereiner.

Eus fing mit der lauten Totenklage an. «Alle Geister im Tal der schwarzen Wölfe rufe ich auf, zu trauern um Boro, den Bärentöter. Er hat uns große Beute gebracht, er hatte einen sicheren Pfeil. Drei Bären hat seine Lanze durchbohrt. Er war die Hoffnung des Stammes. Doch ein starker Bär hat ihn ausgelöscht. Alle wollen wir dem Toten die letzte Ehre erweisen. Er war einer von euch, und er wird einer von euch bleiben. Auch wenn er nicht mehr mit euch jagen kann, so wird er mit seinen Augen aus der Welt der Geister auf euch niederschauen.»

Dann schweifte der Blick des Medizinmannes suchend umher. Er fand Hano. Beider Blicke bohrten sich ineinander.

Eus sprach etwas leiser. «Du, Hano, hast den Weißkopf, unseren stärksten Feind, getötet. Dafür gebührt dir Dank. Aber du hast nicht verhindert, daß Boro umgekommen ist. Wenn du gewollt hättest, hättest du meinen Sohn retten können. Und ich klage dich an, mit schuld zu sein am Tod meines Sohnes!»

Hano sah fest in das Gesicht des Medizinmannes. Dessen Züge waren jetzt wieder kalt und grausam und erinnerten Hano lebhaft an Boro.

Die Worte von Eus hatten erst eisige Stille ausgelöst. Niemand wagte ein lautes Wort. Doch allmählich wurde unterdrücktes Gemurmel hörbar, das keineswegs Zustimmung ausdrückte.

Eus merkte, was vor sich ging, und schloß deshalb: «Sollte es nicht so sein, wie ich sage, so mögen die Geister mich bestrafen und dich von dieser Anklage reinwaschen!»

Hano merkte zum ersten Mal, daß die Autorität des Medizinmannes nicht mehr ungebrochen wirkte. Er trieb seine Feindseligkeit etwas zu weit.

Abermals hob Eus die Hände und rief: «Wir werden Boro, der gut mit den Geistern verkehrte, eine würdige Bestattung bereiten. Tragt Holz zusammen, denn er soll mit allen Ehren von der Erde gehen. Und das Fleisch von Weißkopf soll als Opfer mitverbrannt werden.»

Vorerst rührte sich niemand, um dem Befehl von Eus Folge zu leisten. Hano bemerkte unter den Männern einige aufgebrachte Gesichter. Er winkte Meto zu sich her. «Was ist hier los?» wollte er wissen.

Meto machte auch ein ungemütliches Gesicht. «Eus ist, scheint mir, nicht mehr bei Sinnen. Noch nie ist in unserem Stamm einer verbrannt worden, der nicht die Würde des Medizinmannes hatte. Boro hat nie die Zauber gelernt, und jetzt soll er wie ein großer Magier bestattet werden. Das ist nicht zu fassen.»

Hano fragte gespannt: «Die Medizinmänner werden bei euch verbrannt? Das kenne ich gar nicht.»

Meto blickte ihn erstaunt an: «Ja, die Leute, die mit den Geistern in Verbindung stehen, werden verbrannt, damit sie ganz in die Geisterwelt eingehen können. Das ist bei uns Sitte. Aber diese Bestattung ist eben nur für Medizinmänner vorgesehen.»

Unter den Umstehenden war große Unruhe ausgebrochen. Eus blickte mit stechenden Augen in die Runde und befahl noch einmal, Holz zu holen für die Zeremonie. Endlich löste sich Wesu aus der Gruppe und ging zu dem Brennholzhaufen, der zwischen den Hütten lag. Zwei, drei weitere folgten ihm. Die große Menge rührte sich nicht. Als Eus mit betont feierlichen Schritten davonzog, verließen auch viele andere die Stelle, an der heute noch Boro verbrannt werden sollte. Manche hatten es besonders eilig, sich vor dem Nieselregen in Sicherheit zu bringen.

Einige Jäger zogen Meto auf die Seite und redeten wild auf ihn ein. Hano konnte von seinem Standort aus nicht genau hören, was gesprochen wurde, aber es war ihm klar, daß sich hier eine Gruppe gegen die Bestimmungen des Medizinmannes auflehnte. Er hörte nur Metos entschiedene Stimme: «Eus hat es so gewollt, und was der Medizinmann will, ist Gesetz.»

Hano erblickte Usi. Er glaubte, so etwas wie Genugtuung in ihren Augen zu sehen. Er winkte ihr, ihm zu folgen. Bei ihrer Hütte trafen sie sich.

«Ich hab' ein Geschenk für dich. Ich muß es dir aber drinnen zeigen.»

«Dann komm rein.»

Hano zog den gelb bemalten Pfeil aus seinem Fell und überreichte ihn der Frau. «Aus Boros Köcher. Den hatte er heute dabei.»

Usi erbleichte. Mit zitternden Fingern nahm sie den Pfeil entgegen. «Der war für dich bestimmt, nicht? Also habe ich recht gehabt; Boro ist ein Mörder.»

Hano nickte nur. Dann legte er behütend einen Arm um ihre Schulter. Aufatmend lehnte sich Usi an ihn und blickte in seine Augen.

«Ich glaube, ich habe heute endlich mein zweites Leben begonnen», meinte Hano versonnen.

«Oh, was ist denn mit deiner Backe? Hast du Schmerzen?» fragte Usi in plötzlicher mütterlicher Besorgnis.

«Es ist nichts, nur ein Bienenstich. Hat schon aufgehört, weh zu tun.» Hano ließ Usi los. «Ich glaube, wir müssen wieder raus, damit wir die letzte Ehrung für Boro nicht verpassen», meinte er schnell.

Eine innere Unruhe hielt ihn davon ab, ausführlich mit Usi zu reden. Isis Schwester war auch zu aufgebracht darüber, daß dem Mörder Boro die höchsten Totenehren des Stammes zuteil werden sollten.

Auf dem Bestattungsplatz war schon genügend Holz zusammengetragen worden. Zwei Jäger traten auf Hano zu. «Was wird aus dem Bär? Keiner von uns wird ein Stück Fleisch davon anrühren», sagte der ältere der beiden.

«Was soll aus ihm werden?» sagte Hano. «Ihr habt gehört, daß er Boro mitgegeben werden soll.»

«Und du willst nichts von deiner Beute?» wurde er gefragt.

Hano überlegte. Habe ich hier zwei Männer vor mir, die auf meiner Seite sind, oder wollen sie mich dazu verleiten, offen gegen Eus aufzutreten? Ich darf mir immer noch nicht zuviel erlauben.

«Ich werde mich mit Meto besprechen», lautete schließlich Hanos Antwort. «Ruft ihn her.»

Meto war bald gefunden. Er begrüßte die zwei, die das Gespräch angezettelt hatten, sehr freundlich. Zu Hano meinte er: «Sogo und Waldohr wollen, daß du an dein Jagdrecht denkst. Du hast den Bären erlegt, also darfst du etwas davon haben. Erst dann kann der Medizinmann seine Ansprüche geltend machen. So wollen es unsere Gesetze.»

«Ich frage mich, ob Eus es zuläßt, daß ich nach euren Gesetzen handeln darf», meinte Hano.

«Alle Jäger hier stehen hinter dir, Hano. Wir werden das Recht der Jäger verteidigen. Also, was forderst du? Wir sagen es Wesu, der ja ein bißchen die rechte Hand des Medizinmanns geworden ist», redete Meto seinem Freund zu.

Hano überlegte kurz, dann sagte er: «Ich verlange den Kopf.»

Meto verhandelte mit Wesu, der dabei war, Boros Körper auf dem Holzhaufen aufzubahren. Der kleine Jäger verschwand darauf in der Hütte von Eus.

Wesu kam gleich mit der Antwort zurück, daß der Alte für seinen Sohn den ganzen Bären fordere.

Hano biß sich auf die Lippen. Aber dann trat er entschlossen vor Wesu und sagte: «Dem Willen der Geister soll Folge geleistet werden. Aber der Kopf des Bären kommt nicht in die Flammen. Er soll vor dem Holzstoß aufgesteckt werden und zuschauen. Ich muß von diesem mächtigen Bruder eine Trophäe behalten, sonst werden die Geister mir mein Verhalten übelnehmen.»

Die Umstehenden nickten Hano voller Anerkennung zu.

Meto sagte noch zu Wesu: «Dies ist der weiseste Entschluß. Wir stehen alle hinter Hano, sag das dem Medizinmann. Er muß sich den Gesetzen fügen.»

Betreten schlich Wesu davon.

Hano nahm sich Meto beiseite. «Ich wundere mich über euren Mut. Vorhin hast du noch gesagt, der Wille des Medizinmannes sei Gesetz. Jetzt stellst du dich selber gegen ihn.»

Meto blickte ernst vor sich hin. «Ich habe bisher immer die Stellung des Magiers verteidigt. Aber ich habe heute erkennen müssen, daß er anfängt, andere Gesetze zu verletzen. Wir Jäger können nicht unsere festen Bräuche aufgeben. Und du hast deine Entscheidung so weise getroffen, daß es keinen Widerspruch geben kann. Du hast überlegen entschieden.»

Während dieses Gesprächs machten sich Meto und Hano schon zum Bären auf. Gemeinsam trennten sie beide den Kopf mit dem hellen Haarbüschel ab. Der massige Leib wurde auf die Feuerstätte gelegt, während der Kopf vor dem Holzhaufen auf einen Stab gesteckt wurde, den Waldohr hergebracht hatte.

Boros Körper war bereits aufgebahrt. Alle standen wieder im Kreis; sie warteten auf den Medizinmann. Hano erblickte zumeist nur Gesichter, die unterdrückte Wut zeigten. Er fühlte, daß sie ihm den stummen Auftrag gaben, der Willkür des Medizinmannes ein Ende zu bereiten. Er sah wieder die Zauber seines Vaters vor sich, die er oft mitgemacht hatte.

Eus ließ sich Zeit. Die Spannung stieg unter den Wartenden. Endlich kam ein bißchen Bewegung in die Menge, denn der Magier war wieder auf dem Platz.

Plötzlich stand er im Kreis. Diesmal war es keine Eule, sondern ein schwarzer Wolf. Eus trug sogar ein Kopffell mit Wolfsohren, das nicht viel von seinem Gesicht sehen ließ. Feierlich umschritt er einmal die Feuerstelle. Seinem toten Sohn legte er noch eine Kette aus Bärenklauen um. Dann gab er mit gebieterisch ausgestreckten Zeigefingern das Zeichen. Zwei Getreue eilten mit brennenden Holzfakkeln herbei und zündeten den Haufen an.

Erst leckten die Flammen langsam vorwärts, doch dann wurden sie gieriger und loderten hell über dem aufgebahrten Toten.

Der Alte aber stand da wie ein Stamm. Er warf einige Büschel Kräuter ins Feuer, und gleich veränderte der Rauch seine Farbe. Hell stieg er in den Nachthimmel.

Eus schaute zum Himmel hoch und rief: «Du Boro, aus dem Stamm der schwarzen Wölfe, wurdest heute von einem Bären getötet. Du selbst hast schon die stärksten Bären erlegt. Aber Weißkopf war dein Schicksal. Und ich weiß, dieser Bär muß dich überrascht haben, denn kein Vierbeiner hätte dich je im ehrlichen Kampf bezwingen können, auch wenn er noch so stark gewesen wäre. Du hast mit den Geistern gesprochen wie ich. Nun mögen sie dich führen in ihre Welt. Und ich bitte dich, mein Sohn Boro, sei uns weiter gut gesinnt. Laß unsere Jäger weiter gute Beute machen und verschone uns vor Krankheiten. Und strafe die, die dir Böses angetan haben!»

Hell schlugen die Flammen empor, und Hano schien es, als bewege sich Boros Körper. Es sah aus, als wollte er sich aufbäumen, aber dann brachen die brennenden Äste unter ihm zusammen und begruben ihn in den Flammen. Das Feuer knisterte immer wilder und schickte Funkengarben in den Himmel.

Hano blickte ins Feuer. Von Boro ist nichts mehr zu sehen. Nein, so möchte ich nicht enden. Dieser Brauch ist mir zu hart. Ich will wieder zurück in den Schoß der Erde, die mich mit ihrem Leben genährt hat. Die Erde ist unser aller Mutter.

Der Alte stand weiterhin unbeweglich vor den Flammen. Er blickte starr in den Rauch, der sich wieder verdunkelte. Das Feuer wurde schwächer und fiel langsam in sich zusammen. Das Gesicht des Medizinmannes war grau wie Asche. Eus verließ den Kreis, noch ehe der Brand ganz in sich zusammenfiel. Hano schaute ihm nach, wie er schleppend und gebeugt davonging. Dieser alte Mann war heute zum Greis geworden.

Einige alte Frauen und nur wenige Männer gingen ihm in gemessenem Abstand nach, um mit ihm zusammen die Totennacht zu verbringen.

Hano fühlte auch, die Zeit war gekommen, um seine Trophäe hinauf in die Hütte zu schaffen. Morgen würde er mit Krüppel, der darin besonders geschickt war und gutes Werkzeug hatte, dem Weißkopf das Fleisch ablösen, ohne zuviel von dem Fell zu verletzen. Der Kopf mit den weißen Schädelhaaren war auch das Wichtigste. Solange Hano lebte, würde er immer an diesen Tag denken, wenn er den Kopf vor sich sah.

Kuru Kiri

Oben in der dunklen Hütte – Hano hatte darauf verzichtet, noch ein Feuer zu machen – gelang es ihm nicht so schnell, ins Land der Träume zu wechseln. Die alte Eule beschäftigt mich. Boro ist sein Ein und Alles gewesen. Wie wird Eus sich jetzt weiter verhalten? Solange er es nicht zuläßt, daß ich voll in den Stamm aufgenommen werde, ist er für mich eine Gefahr. Und es scheint, als würde Eus nicht mehr für das Wohl des Stammes wirken. Seine Anordnungen heute haben im ganzen Stamm Unmut ausgelöst. Er hat es in Kauf genommen, daß durch seinen Sohn Blut des eigenen Stammes vergossen wurde, und bestattet ihn dann noch mit falschen Würden. Ich kann aber nicht einfach hingehen und dem Alten einen Pfeil durchs Herz jagen. Er geht ja auch nicht auf die Jagd. Seinen Einfluß auf die Geister muß ich bekommen. Die Geister der Höhle in den Bergen. Ja, natürlich, die Höhle! Dort muß ich den Alten stellen. Ich hab' ja einiges von den magischen Zeremonien bei meinem Vater mitbekommen und weiß auch, wie ich die Geister beschwören kann.

Gleich am nächsten Morgen kam Krüppel zu Hanos Hütte hinaufgehumpelt. Er hatte zwei Kratzer mitgebracht, die gebogene Kanten hatten, mit denen es leichter war, Fleisch und Muskeln aus dem Kopf des Bären zu schaben. Das Schärfen solcher Werkzeuge erforderte besonders viel Geduld und Zeit.

Krüppel machte sich sehr geschickt an die Arbeit. Während er noch am Höhleneingang, geschützt vor dem Regen, schabte und kratzte, suchte Hano am Hang nach der Pflanze, deren Knollen, wie er von seinem Vater wußte, einen Geruch ausströmten, der das Ungeziefer von den letzten Faserresten im Bärenschädel fernhalten würde. Mit einer Handvoll Knollen kam er zurück und sah, daß Krüppel schon beinahe fertig war. Der Fallenerfinder saß mit zusammengekniffenen Augen, um die herum sich schon Runzeln bildeten, bei der Arbeit. Hano sah, daß Krüppel zwar ein auffallend zerknittertes Gesicht hatte, doch seine Bewegungen verrieten noch keine Spur von Alter.

Der Schädel von Weißkopf war gut präpariert. Hano stellte ihn auf einen Steinvorsprung, den der Felsen, an den seine Hütte gebaut war, bildete. Wer weiß, ob er nicht noch den Angriffsgeist dieses Bären brauchen konnte.

Als Belohnung setzte Hano dem Lahmen einen gut abgehangenen Auerochsenbraten vor. Dabei kam Krüppel auch ins Reden. «Es herrscht Unfrieden im Dorf», begann er. «Die meisten Jäger meinen, unser Medizinmann habe seine Gewalt mißbraucht. Und er hat auch noch nichts über deine Aufnahme gesagt. Wir alle wünschen aber, daß du fest zu uns gehörst, du bist ein großer und weiser Jäger. Die Frauen haben natürlich noch Angst vor seinen Geistern, aber die Jäger wissen aus ihrer Erfahrung eher, ob ihnen die Erde noch gut gesonnen ist oder nicht. Wir haben diesen Herbst so wenig durchziehende Herden gesehen wie noch nie.»

Hano unterbrach Krüppel: «Gibt es im Stamm keinen Jüngeren, der eingeweiht ist in den Jagdzauber?»

«Nein», antwortete Krüppel, «Eus hat nie angefangen, sich einen Nachfolger heranzuziehen. Er hat die Geheimnisse zu sehr für sich behalten.»

«Du meinst, die Jäger stehen eher auf meiner Seite?» wollte Hano noch wissen.

«Unbedingt. Ich bin ja viel im Dorf und bekomme die Gespräche zwischen den Hütten mit.»

In Hano arbeitete es. Irgendwie muß ich beweisen, daß ich das Vertrauen der Jäger hier verdiene, daß ich mit ihrem Schicksal verbunden bin. Der Weg führt nur über den Alten, über den Zauber. Bei uns ist derjenige erst der richtige Medizinmann geworden, der das Gehirn seines Vorgängers verspeist hat. Dann erst konnte er mit allen Ahnen in Verbindung treten. Es gibt keine andere Lösung ...

Nach dem Mahl verabschiedete Hano seinen Gast: «Ich danke dir, Krüppel, für die geleistete Arbeit. Es ist die beste Trophäe, die ich je hatte.»

Auch als er weiter hinten im Tal mit Bogen und Lanze herumstreifte, kreisten seine Gedanken um alles, was mit der Höhle oben zusammenhing. Der Wolf, den er zweimal gesehen hatte, kam ihm wieder in den Sinn. «Mit den Wölfen jagen», diese Lehre Toores ging ihm nicht aus dem Kopf.

Er hatte Glück und erlegte einen fetten Dachs. Mit dieser Beute wollte er etwas probieren.

Er stieg in das ihm bekannte Hochtal hinauf und zerlegte die Beute nicht weit von der Zauberhöhle entfernt. Gut sichtbar legte er ein Stück Dachsfleisch aus und versteckte sich mit dem Rest der Beute. Wie er es erwartet hatte, erschien bald der Wolf, um sich den ausgelegten Köder zu schnappen. Während der Schwarzrücken sich noch am Fleisch gütlich tat, ging Hano tiefer. Der Wolf mußte seine Beute wittern. Ein weiteres Stück wurde ausgelegt. Und siehe da, auf einmal folgten zwei Wölfe den dargebotenen Leckerbissen!

Das Rudel muß schon zusammen sein. Und sie folgen mir. Ich kann sie führen. Das sind nützliche Jagdgenossen für den Stamm der schwarzen Wölfe.

Das Fleisch des Dachses reichte aus, um das Wolfsrudel, von dem Hano einmal sogar vier Tiere zu sehen bekam, bis zum Hang zu führen, der bei seiner Hütte lag.

Zufrieden ging Hano nach Hause. Wenn ich es schaffe, ihnen regelmäßig Fleisch abzugeben, dann kann ich sie mit auf die Jagd nehmen, und sie werden mir helfen.

Die nächste Zeit hatte Hano ein wachsames Auge darauf, wann Eus wieder in seine Höhle ging. Am dritten Tag war es soweit. Von seiner Hütte aus sah Hano den Alten den Weg am Bach heraufkommen. Im Schutz des Waldes lief der Jäger ihm voraus.

Der Wind blies recht scharf, als Hano oben an der Höhle angekommen war. Schnell hatte er den Felsen erklettert und saß wieder auf seinem altvertrauten Platz. Kühler Regen setzte ein. Hier oben in luftiger Höhe war es nicht gerade angenehm. Hano hoffte, bald in die trockene Höhle zu kommen.

Dort drüben kam der Medizinmann in langsamen Schritten. Hano wollte nicht viel Zeit verlieren. Schnell wie immer glitt er vom Felsen. Doch diesmal waren die Steine vom Regen naß und glatt.

Zweimal glitt Hano aus und konnte sich gerade noch im rissigen

Gestein anklammern. Ein Absturz hätte mir gerade noch gefehlt. Ausgerechnet jetzt! Warum beeile ich mich denn so? Der Alte kann doch gar nicht so schnell gehen. Doch es drängt mich zur Entscheidung.

Hano kroch in die Höhle und schob sorgfältig den Stein wieder vor den Eingang. In der gleichen Felsennische, in der er schon einmal gesessen hatte, versteckte er sich wieder.

Da saß er nun und wartete, vor Spannung zitternd. Ich muß deinen Geist haben, Eus, ich muß den Stamm auf den richtigen Weg führen. Ich muß den Zauber übernehmen!

Hano hörte ein Geräusch. Ächzend schob sich jemand in die Höhle. Dort, wo die Feuerstelle war, konnte Hano ganz undeutlich eine Gestalt wahrnehmen. Es konnte nur der Alte sein. Irgendwie schien dieser noch mißtrauisch die Dunkelheit zu erforschen, denn es kam Hano wie eine Ewigkeit vor, bis er das scharfe Klicken der Steine hörte, mit denen das Feuer angeschlagen wurde.

Endlich sprang der Funken über, und bald züngelten die ersten Flämmchen hoch und beleuchteten das zerfurchte Gesicht des Alten. Er setzte sich ganz nahe ans Feuer und rieb sich die Hände. Der alte Mann fror.

Jetzt warf er einige Bündel Kräuter ins Feuer. Hano sah, daß es Pflanzen waren, deren Heilkraft er kannte. Dicker weißer Rauch stieg hoch, wie bei der Verbrennung von Boro.

Plötzlich hob der Alte beide Arme hoch. Er sprach erst Worte, die Hano nicht verstehen konnte, doch dann rief er laut: «Kuru Kiri, ich rufe dich. Sage du mir, wer dieser Hano ist! Öffne mir die Augen und gib mir mein Gedächtnis zurück. Ich muß wissen, wo ich ihn schon einmal gesehen habe. Kuru Kiri, du Geist aller Geister, du bist allwissend. Öffne mir die Augen, daß ich die Gefahr erkenne!»

Eus warf noch andere Blätter ins Feuer. Ihr Rauch zog auch in Hanos Nische. Seltsam beißend spürte der heimliche Beobachter ihn in der Nase. Der Alte saß wieder still mit geschlossenen Augen. Dabei hatte er den Kopf nach vorn geschoben, als lausche er einer Stimme. Auf einmal spürte auch Hano die Kraft der Geister. Er verließ behutsam sein Versteck und stellte sich hinter den Medizinmann.

Leise begann Hano: «Du willst wissen, wer Hano ist? Nun, ich kann es dir sagen. Schau ins Feuer. Damals brannte auch ein Feuer inmitten der Hütten, es war nur heller und größer. Im Schein dieses Feuers hast du sein Gesicht gesehen. Erinnere dich. Es war vor vielen Sommern.»

Der Medizinmann hob wie unter einem Zwang ein wenig den Kopf und starrte in die Flammen. «Damals ... es ist schon viel Zeit vergangen, und doch ... ah!» murmelte Eus. «Es muß gewesen sein, als die Fremden kamen. Ich danke dir, Kuru Kiri, großer Geist, daß du mir die Erleuchtung gebracht hast.»

«Dreh dich um», befahl Hano, «und du wirst die Erleuchtung vor dir haben.»

Der Alte zuckte zusammen. Völlig entrückt, im Bann der Geisterstimme, drehte er langsam den Kopf. Mit glasigen Augen starrte er die Erscheinung an.

«Du!» sagte er mit rauher Stimme, die so klang, als käme sie aus einer anderen Welt.

«Ja, ich bin es», sagte Hano langsam und im Bewußtsein seiner Macht. «Damit hast du wohl nicht gerechnet. Weißt du genau, wer ich bin? Nein, du weißt es nicht! Ich werde dir die Augen öffnen. Kuru Kiri hat mich geschickt, um dich für deine Untaten und die Morde an Toore und Keiler zu bestrafen. Du hast übel mit den Geistern gespielt. Schau mich an, Medizinmann, ich bin dein Tod. Deine Finger sind mit Blut beschmiert. Die Geister, die du gerufen hast, haben sich von dir abgewandt. Sie haben mich hierher geführt, weil das Unrecht gesühnt werden muß. Du und dein Sohn Boro, ihr habt geglaubt, ihr könnt auch mich bezwingen. Auch den Mord an mir habt ihr geplant. Aber mich könnt ihr nicht erledigen.»

Der alte Mann zitterte vor der eindringlichen Stimme. Ein letztes Aufbäumen ging durch ihn. Er erhob sich. «Ich glaube nicht, daß Kuru Kiri dich geschickt hat. Ich weiß jetzt genau, wer du bist. Du hast vor vielen Sommern und Wintern mit deinem Stamm unser Tal überfallen. Jetzt sehe ich ganz klar. Eines unserer Mädchen hat uns rechtzeitig gewarnt. Wir haben euch blutig vertrieben, nur dieses Mädchen ist verschleppt worden.»

«Diese Isi, die damals entführt wurde, ist mit mir gezogen. Sie ist tot. Aber sie hat mich in dieses Tal geschickt, um neues Leben herzubringen. Deine Zeit ist um, Eus!»

In den Augen des Medizinmanns flackerte es. Auf einmal bückte er sich mit einer Behendigkeit, die ihm Hano gar nicht zugetraut hatte. Eus griff nach einem Stein, der neben dem Feuer lag.

Hano kam ihm zuvor und riß den Mann nieder, bevor dieser zupacken konnte. Dann griff Hano selber nach dem Stein und schlug zu, so fest er konnte.

Das grausame Ritual war beendet. Hano hatte sich den Geist des alten Mannes einverleibt. Allmählich kehrte ihm die Besinnung wieder zurück. Er hatte den großen Zauber vollbracht, und jetzt lag ein toter Körper vor ihm. Immer noch zitternd, sah er sich in der Höhle um.

Wie soll ich dem Stamm gegenübertreten? Ich weiß, die Geister sind auf meiner Seite. Kuru Kiri hat ihn erschlagen. Die Jäger sollen den toten Medizinmann finden. Es muß so aussehen, als hätte sich ein großer Felsbrocken aus der Decke gelöst und ihn erschlagen. Der Zauber der Höhle hat sich gegen ihn gekehrt. Das wird sie überzeugen.

Hano fand ein größeres Felsenstück mit einer noch frisch aussehenden Bruchkante, das er zum aufgeschlagenen Kopf der Leiche legen konnte. Den Stein aber, mit dem er den Alten erschlagen hatte, nahm er mit. Er verließ die Höhle und schob absichtlich die Platte nicht vor den Eingang. Dann kletterte er wieder hoch zum Platz, an dem er seine Waffen abgelegt hatte. Von dieser Stelle aus warf er den Stein mit aller Kraft über die Kante des Felsgrates.

Im kalten Regen stieg er hinab. Es war schon dunkel, als er seine Hütte erreichte. Eus hat niemand in die Geschehnisse der Magie und der Kräuter eingeführt. Nun ist der Stamm ohne Medizinmann. Ich kenne viele Geheimnisse von meinem Vater. Ich muß diese Gelegenheit nutzen. Die Geister sind auf meiner Seite.

Meto kam am nächsten Morgen hinauf zu Hano. Er schüttelte seine nassen Haare und meinte, noch im Eingang stehend: «Schlechte Zeiten. Das Wetter ist gegen uns. Und Eus hat sich in letzter Zeit zu wenig um die Beschwörung der Beute gekümmert.»

«Eus ist nicht mehr Herr der Lage», bemerkte Hano knapp.

«Ja», fiel Meto ein. «Gestern war ich mit Waldohr drüben überm Fluß. Den ganzen Tag sind wir umhergestreift und haben rein gar nichts zu Gesicht bekommen. Die Tiere haben sich bei dem Wetter alle versteckt. Aber am Schluß haben wir in der Ferne, ganz am Rand unseres Jagdgebietes, noch eine große Pferdeherde abziehen sehen. Sie war schon zu weit weg, um sie noch zu verfolgen. Unser Medizinmann hat keinen Zauber gemacht, um sie hier aufzuhalten. Wir brauchen aber weitere Beute für unseren Stamm. Die Jäger sind noch nicht alle versorgt.»

«Ich weiß», antwortete Hano. «Wie steht es denn mit der Ebene jenseits der Felsen, auf unserer Seite?»

Meto zog die buschigen Brauen zusammen. «Über den Felskamm zieht keine Herde, denn der reicht bis zum Fluß. Und wenn etwas über die Berge kommt, ist es schwer zu erlegen.»

«Die Wölfe sind aber auf dieser Seite. Die müssen doch auch was finden. Wir sollten mit ihnen jagen.»

Meto war sehr erstaunt über diese Äußerung Hanos. Doch der achtete nicht darauf und fuhr fort: «Ich möchte mir einmal die Felsen am Fluß ansehen. Sie müssen doch einen guten Ausblick geben. Willst du mitkommen?»

Metos Gesicht leuchtete auf. «Wir waren schon lange nicht mehr zusammen weg. Es ist soviel geschehen die ganzen Tage. Ich komm' mit, mir macht der Regen nichts aus. Mein neues Fell kann viel aushalten.»

Hano bemerkte erst jetzt, daß der Freund nicht mehr sein abgewetztes Fell trug, in dem er ihn zum ersten Mal gesehen hatte.

Die Felskante, die gegen Sonnenuntergang lag, war schnell erreicht. Der Regen wurde auch dünner. Behend erklommen Hano und Meto einen schon etwas höher gelegenen Vorsprung. Die Bergkette lief hier in einen schmalen, fast geraden Rücken aus, der zum Fluß hin abfiel. Die beiden Jäger hatten einen guten Ausblick auf die baumlose Ebene auf der anderen Seite, über die im kalten Wind große Wolken zogen. Die Luft war ganz klar.

Längere Zeit harrten die zwei Freunde auf ihrem Platz aus, dann machten sie sich daran, aus den kleinen Büschen um sie herum ein paar Beeren zu pflücken. Hano mußte sich zusammennehmen, um keine Andeutung über das Schicksal von Eus zu machen. Jetzt ging es doch darum, nach Beute Ausschau zu halten.

Hano ging ein Stück weiter auf einen höheren Aussichtsplatz, von dort sah er ganz in der Ferne eine Bewegung. Schnell rief er Meto heran. «Schau, dort draußen, da kommt was.»

«Ja, ich seh' es auch», sprach Meto schon fast im Jagdfieber. Beide beobachteten mit Adleraugen das Gelände, wo immer deutlicher zu erkennen war, daß da eine Herde friedlich grasend auf die Berge zuzog. Hano sah als erster, es waren Rentiere.

«Diese Herde wird weiter weg vom Fluß ziehen und in die Berge steigen. Wir müssen morgen dort oben jagen. Ich habe schon einen Plan. Bring morgen in aller Frühe ein paar Leute mit.»

Meto konnte Hano nur voller Bewunderung anblicken. Er war auch froh, daß sein Freund dem Stamm wieder Jagdglück ankündigte.

Hano drängte es mit aller Macht ins Tal. Er war neugierig, ob die Leute den Medizinmann schon vermißten. Es kam ja des öfteren vor, daß er einen ganzen Tag fortblieb.

Schon waren sie unten am Bach. Hano achtete gar nicht darauf, ob irgendwo in der Nähe größere Steine lagen, auf denen er trockenen Fußes über den Wasserlauf setzen konnte. In drei, vier großen Schritten durchwatete er den Bach.

Er wandte sich um und rief Meto zu: «Na komm schon! Du gehst ja heut so lahm, als wärst du angeschossen.»

«Immer mit der Ruhe. Ich weiß gar nicht, warum du es so eilig hast.»

Hano merkte auf. Habe ich mich anders verhalten als sonst? Habe ich mich irgendwie verraten? Bin ich denn in den Tagen unruhiger geworden?

Um keinen Verdacht aufkommen zu lassen, rief er: «Du wirst schon sehen. Das Wasser ist so kalt, daß es dir auch schnellere Beine machen wird.»

«Ach, kalt», erwiderte Meto, der jetzt das Ufer erreicht hatte. «Was willst du im Winter machen, wenn du über den Fluß mußt? Es ist schon oft vorgekommen, daß einer im Eis eingebrochen ist, wenn er mit seiner Beute wieder heim wollte.»

Sie gingen Seite an Seite dem Lager zu. Dort war alles ruhig. Nichts Ungewöhnliches war zu entdecken. Aber Hano bemerkte eine gewisse Spannung.

In der Mitte des Lagers standen drei Männer beisammen und redeten miteinander. Wesu war unter ihnen. Als sie Hano und Meto kommen sahen, verstummten sie.

«Ihr wart auf der Jagd?» fragte einer.

Hano machte eine unbestimmte Kopfbewegung.

«Wie ich sehe, kommt ihr mit leeren Händen. War wohl heute kein guter Tag?»

«Heute spielte das Wetter nicht mit», sagte Hano. «Aber es wird wieder Beute geben. Wir haben eine Herde gesehen. Morgen brauchen wir einige Jäger, die mit uns in die Berge ziehen.» Meto nickte dazu.

Wesu und seine zwei Genossen machten ein unentschlossenes Gesicht. Dann endlich rückte der kleine Jäger mit der Sprache heraus. «Ich weiß nicht, ob wir Jagdglück haben werden. Heute morgen kam kein Rauch aus der Hütte des Medizinmanns. Er ist fort. Keiner weiß, wohin er gegangen ist. Er hat auch mit niemandem darüber gesprochen.»

Es entstand eine längere Pause. Hano schoß das Blut in den Kopf. Jetzt muß ich die Ruhe bewahren. Keiner darf zu früh merken, was ich im Sinn habe. Sie müssen nur ein bißchen auf die richtige Fährte gelenkt werden.

Möglichst unbefangen fragte er: «Gibt es einen Ort, wo er sich des öfteren am Tag aufhält?»

Alle drei schüttelten den Kopf. «Keine Ahnung», sagte Wesu. «Er ist nur von Zeit zu Zeit mit Boro in die Berge gegangen. Doch es durfte ihnen niemand folgen.»

«Wir sollten den neuen Tag abwarten. Morgen gehen wir sowieso in das Hochtal. Dort können wir – wenn Eus noch nicht zurückgekommen ist – dann auch suchen.»

Dieser Vorschlag von Hano wurde angenommen, und er konnte sich zu seiner Hütte aufmachen. Morgen geht es also los. Ich darf sie nicht direkt zur Höhle führen. Aber ich werde ihnen zu erkennen geben, daß die Geister aus mir sprechen. Morgen, wenn die Jagd erfolgreich war, kann ich mich als das neue Oberhaupt beweisen. Wenn die Geister mit mir sind, wird alles gut gehen. Ich fühle mich stark genug.

In dieser Nacht kam die erste große Kälte, und der erste Schnee fiel. Die Landschaft bekam einen dünnen weißen Überzug. Hano trat nach einer unruhigen Nacht schon sehr bald aus seiner Behausung. Er hatte auch das erste Mal zu spüren bekommen, daß seine Hütte nicht gerade winterfest war. Er stapfte schnell einen Hang hoch bis zu den Bäumen, um sich warmzulaufen.

Kurz bevor er den Waldsaum erreichte, bemerkte er Spuren im Schnee. Wolfstatzen. Sie sind also noch in der Nähe. Ihr schwarzen Wölfe, ich gehöre jetzt zu euch, ihr müßt mir helfen. Hoffentlich hat jemand frisches Fleisch übrig, daß ich sie anlocken kann. Am besten, ich erkundige mich beim Fallensteller Krüppel, ob er was erwischt hat.

Als Hano sich zum Hüttendorf aufmachte, kam ihm Krüppel schon auf halbem Wege entgegen. Er rief ihm gleich zu: «Krüppel, ich brauche deine Hilfe. Kann ich dich begleiten auf dem Weg zu deinen Fallen? Wieviel hast du denn aufgestellt?»

Überrascht sah ihn der Angesprochene an: «Na, vier. Wie soll ich dir helfen? Ich bin doch kein richtiger Jäger.»

Hano fiel in seinen langsamen Tritt mit ein. «Wenn du heute was gefangen hast, brauche ich einen Teil davon. Ich hoffe, du mußt nicht Hunger leiden.»

«Nun», antwortete Krüppel gedehnt, «da ist noch ein Hase von gestern. Warum brauchst du, ein großer Jäger, Fleisch von mir?»

«Das kann ich dir nicht so schnell erklären. Es geht um eine neue Art zu jagen. Die schwarzen Wölfe müssen mit uns auf Beutezug gehen und mit frischem Fleisch angelockt werden.»

Krüppel schüttelte nur verständnislos den Kopf, fragte aber nicht weiter. Bei der ersten Falle kamen sie zu spät.

«Das ist hart», meinte Krüppel. «Hier haben mir die Wölfe schon alles weggefressen, und da willst du, daß ich ihnen noch mehr in den Rachen schmeiße? Die Wölfe nehmen uns die Beute weg!» Enttäuscht humpelte er weiter, seiner nächsten Falle entgegen.

Hano sagte im Gehen zu ihm: «Du mußt die Wölfe anders betrachten. Wenn wir es richtig anstellen, können sie uns zu noch mehr Beute verhelfen. Aber sie brauchen eben ihren Teil.»

Bei der zweiten Falle hatten sie Glück. Ein junger Fuchs hatte sich verfangen. Krüppel überließ ihm die Beute und zog allein weiter. Hano lief schnell zu seiner Hütte zurück.

Dort stand schon eine große Schar Jäger ratlos herum. Meto kam ihm entgegen.

«Nun, ist der Medizinmann wieder da?»

«Nein, da muß etwas passiert sein.»

Hano trat zu den Jägern und verkündete vernehmlich: «Ich habe heute nacht ein Gesicht gehabt. Da war ein toter alter Mann, ringsum von Felsen umgeben. Ich glaube, die Geister haben zu mir gesprochen... Gehen wir also in die Berge. Ich sehe, wir sind genug Leute. Wir müssen uns gut verteilen. Aber vergeßt mir die Jagd nicht! Sie muß uns auch gelingen. Geht nur voran, ich muß mich schnell noch mit dem Fuchs hier beschäftigen.»

Ohne Widerrede folgten die Jäger seinen Anweisungen und machten sich auf. Hano zerteilte schnell den Fuchs und nahm das Fleisch in einem Fellbeutel mit. Ein erstes Stück legte er gleich in der Nähe seiner Hütte aus. Dann beobachtete er vom Schutz der Bachweiden aus, ob der Köder entdeckt wurde. Ja, die Wölfe folgten ihm!

Schnell eilte er den anderen nach und verteilte unterwegs regelmäßig kleine Fleischstücke. Die Männer des Stammes gingen ins richtige Tal. Beim Aufsteigen vergewisserte Hano sich immer wieder, daß das Wolfsrudel ihm auf der Spur blieb. Er versuchte, mit ausgreifenden Schritten zu den Jägern vor ihm aufzuschließen. Alles lief nach seinem Plan.

Sie hatten schon den Talabschluß erreicht, wo auch die Höhle sich befand. Hano hatte nicht den direkten Weg eingeschlagen. So einfach wollte er es den Jägern nicht machen. Die warteten jetzt auf seine Anweisungen. «Ihr müßt noch weiter auseinander gehen, auch da oben hin, wo mehr Bäume stehen», befahl er ihnen.

Bald irrte fast der ganze Stamm weit auseinandergezogen über die Höhen. Hano blieb jetzt bei Meto. «Ich habe die schwarzen Wölfe hinter mir», sagte er. «Sie werden uns bei der Jagd helfen. Ich habe sie heraufgeführt.» Meto warf einen ungläubigen Blick auf seinen Gefährten.

Da ertönte von weiter weg ein Schrei. «Dort ist Beute», rief Hano und rannte los.

Über die gegenüberliegende Höhe war wirklich die Rentierherde gezogen und befand sich nun vor den Jägern. Kein lautes Wort wurde mehr gesprochen. Hano winkte einige Jäger auf seiner Linken zu sich und führte sie zu einer Erhöhung, wo derjenige stand, der die Rentiere zuerst erspäht hatte. Von da aus war gut zu sehen, daß die ruhig grasende Herde langsam und ohne Gefahr zu wittern ins Tal zog. Es war hier schwierig, richtig an die Tiere heranzukommen, weil das Gelände sehr uneben war und viel Geröll herumlag, das leicht losgetreten werden konnte. Mittlerweile waren auch alle Jäger im Umkreis in Lauerstellung gegangen.

«Wir warten hier», wies Hano die Leute an, die hergepirscht waren.

Dann nahm er Meto beiseite. «Was jetzt kommt, das habe ich vom weisen Toore gelernt, den ihr ja auch verehrt habt. Du bist zwar der Jagdführer, aber ich bitte dich, höre heute einmal auf mich.»

Meto blickte Hano freundlich an. «Ich weiß sowieso nicht, wie wir hier gut zum Schuß kommen sollen. Also gib du am besten selbst die Anweisungen.» Und zu den Jägern gewandt sagte er: «Heute wird Hano die Jagd leiten. Er will etwas Neues versuchen.»

Hano erhob sich etwas. «Hört her, Genossen. Wir lassen die Herde noch ein kleines Stück näherkommen. Aber eure Pfeile müssen von hier aus treffen. Ihr braucht nicht genau ins Leben zu zielen, es genügt, wenn ihr einige Tiere verwundet. Den Rest besorgen die Wölfe, die hinter uns sind.»

Die Jagdgenossen hielten sich angesichts der lockenden Beute nicht mit Fragen auf, sondern ließen ihre Pfeile singen. Die getroffenen Tiere brachen aus. Hano jubelte innerlich, denn sie flüchteten genau in die linke Bergflanke, dorthin, wo die Wölfe sie sicher zu finden wüßten.

Hano befahl der Schar, ihm hinauf in den unwegsamen Hang zu folgen. Es war nicht daran zu denken, die flüchtenden Tiere aus eigener Kraft zu verfolgen. Die einzige Hoffnung lag bei den Wölfen.

Tatsächlich hörten die Jäger es über ihnen am Hang in den Büschen rascheln. Die schwarzen Vierbeiner hatten die Hatz auf die verwundeten Rentiere aufgenommen. Die Richtung, in der gesucht werden mußte, war klar. Nach einiger Zeit wurde die Jägerschar auch fündig. Die Wölfe hatten Hano geholfen!

Als alle gerissenen Tiere gefunden waren, ordnete Hano an, daß die Jäger ein Ren für die Wölfe liegen lassen sollten. «Schafft das übrige ins Dorf. Ihr habt gesehen, daß wir mit den Wölfen jagen können.»

Hano schaute zu, wie die Beute zusammengetragen wurde. Neue Verbündete haben wir nun. Wir werden diesen Winter unser Fleisch gemeinsam mit den schwarzen Wölfen suchen. Die Vierbeiner sollen immer nah beim Dorf bleiben. Wir werden uns gegenseitig versorgen. Eines Tages werden die Wölfe vielleicht auch bei unseren Hütten wohnen und unsere Gefährten sein, keine wilden Tiere mehr.

«Die Jagd mit den Wölfen war erfolgreich», verkündete Hano den Stammesjägern. «Aber nun müssen wir noch eine andere Aufgabe bewältigen. Die Suche nach Eus. Fangen wir hier im Talabschluß an.»

Hano führte sie nicht gezielt zur Höhle. Es muß nach einer echten Suche aussehen. Ich habe ihnen nur meinen Traum erzählt, alles andere müssen sie selber finden. Wenn sie müde sind, wird ihr Auge nicht mehr so wach sein und sie werden keinen unnötigen Verdacht schöpfen.

Einige Jäger waren schon in die Nähe des Felshanges gekommen, der Hano nur zu bekannt war. Er ging zu ihnen.

Der erste, den er traf, sagte Hano: «Dort drüben geht es nicht mehr weiter.»

Hano stellte sich unwissend: «Warum nicht?»

«Dort oben fallen die Felsen steil ab zu einer tiefen Schlucht. Sie zieht sich weit durch die Berge», meinte der Jäger, der einen auffallend langen Bart trug.

«Ich habe im Traum viel Felsen gesehen, also laßt uns trotzdem die Wand hier untersuchen», schlug Hano vor und ging etwa auf die Stelle zu, wo sein früherer Ausguck war. Mit zwei anderen stieg er noch ein Stück höher bis zum Felsabbruch. «Wer auch immer hier runterfällt, der sieht nie wieder das Licht der Sonne», sagte er.

Federhand, der mit ihm hinaufgeklettert war, rief plötzlich: «Dort ist eine Höhle!»

Sie drehten sich alle um. «Wir wollen nachschauen», schlug Hano vor, «wer weiß, wie tief diese Höhle in den Berg hineingeht.»

Hano war als erster unten. «Kommt schon, wir müssen nachschauen.» Doch er sollte zuerst in die Höhle kriechen. Die anderen folgten, wenn auch zögernd.

Hano kroch mit einem höchst unangenehmen Gefühl voran. Ich verstehe schon, daß es ihnen unheimlich ist. Hier wohnen die Geister, und hier hat sich ein starker Zauber vollzogen. Ich muß die Kraft, die ich bekommen habe, jetzt auch beweisen.

Der hohe Raum war erreicht. Zwei Jäger standen neben Hano. Keiner sprach ein Wort. «Ich brauche Feuer. Ich will es genau wissen», sagte Hano endlich.

Federhand entzündete ein Feuer, und endlich sahen sie den Leichnam. Andere waren nachgekommen und standen betroffen da.

Schließlich ergriff Hano das Wort: «Ein Stein hat sich aus der Decke gelöst. Er ist ihm auf den Kopf gefallen. Diese Höhle ist der geheime Ort der Geister, sie haben es so kommen lassen. Ihr seht, sie haben Eus verstoßen.»

«Los, faßt mit an. Wir wollen diesen Ort so schnell wie möglich verlassen», gebot Hano.

Der bärtige Jäger, der der stämmigste war, schleifte den toten Körper aus der Höhle. Draußen hoben zwei die Leiche des Medizinmannes auf ihre Schultern. Wortlos schritt die Schar ihnen nach ins Dorf.

Im Hüttenlager sagte Hano: «Wir müssen noch heute seinen Leichnam den Flammen übergeben.»

«Warum?» fragte der Vollbärtige.

«Weil es die Geister so wollen. Sie haben mir im Traum den Weg gewiesen und sie wollen, daß er nach eurer Sitte heute noch in Rauch aufgeht.»

Hano wußte, er hatte sie überzeugt. Jetzt muß ich das Ritual leiten. Ich habe alles erfüllt. Ich weiß jetzt, wo mein Platz ist.

Er gab seine Anweisungen, wie und wo Eus verbrannt werden sollte. Und alle taten genau das, was er sagte, ohne zu zögern. Es schien, als beeilte sich jeder besonders, um es hinter sich zu bringen. Große Trauer konnte Hano nicht bemerken.

Der Leichnam war aufgebahrt. Hano ging in die Hütte des Medizinmanns. Er wußte, welche Trophäen und Schmuckstücke er dem Toten auf seine letzte Reise mitgeben mußte. Und er kam auch mit den richtigen Kräutern zurück. Das Wolfsfell des Alten hielt er kurz in der Hand, doch dann legte er es wieder beiseite.

Als er an dem Holzhaufen stand, gab er das Zeichen mit den ausgestreckten Fingern. Wesu und Sogo entzündeten den Holzstoß. Das nicht ganz trockene Brennmaterial entwickelte schweren, dunklen Rauch. Da sah Hano seine Gelegenheit gekommen. Er griff nach den Kräutern und streute sie über die Flammen. Es knisterte, und die Funken stoben. Gleich stieg heller Rauch empor.

Laut rief Hano: «Erst ist dein Sohn Boro vom Glück verlassen worden und eine Beute des Bären geworden, jetzt haben die Geister dich, Eus, geholt. Mögest du in Flammen aufgehen und dein Rauch in die Welt der Geister wehen. Kuru Kiri, nimm diesen alten Mann auf. Laß dein Auge weiter über unser Tal der schwarzen Wölfe wachen.»

Er wollte noch weiter sprechen, aber er bemerkte, daß die Menge unruhig geworden war. Habe ich etwas falsch gemacht? Nein, der Name ihres großen Geistes aus meinem Munde hat sie aufgestört.

Deshalb rief er nochmal laut: «Kuru Kiri, großer Geist, schütze uns und die schwarzen Wölfe, daß wir gute Beute machen.» Dann fiel er auf die Knie und hob mehrmals beschwörend die Hände. Die Flammen schlugen in die Höhe: von Eus war nichts mehr zu sehen.

Zwei ältere Männer waren neben Hano getreten. «Woher hast du den Namen?» fragte der eine.

«Welchen Namen?» fragte Hano zurück.

«Den Namen unseres großen Geistes», beharrte der Mann.

Hano nickte, daß er nun begriffen habe. Mit nach oben gerichte-

ten Augen sagte er: «Ich habe diesen Namen gerufen, weil eine Stimme ihn mir eingegeben hat. In der Höhle oben habe ich den großen Geist erkannt. Ich mußte ihn anrufen, es wurde mir befohlen.»

«Diesen Namen», sagte der andere neben ihm, «darf nur unser Medizinmann rufen. Dieser, der sich hinter diesem Namen verbirgt» – er vermied es bewußt, ihn über seine Lippen kommen zu lassen –, «ist der höchste Geist unserer Ahnen.»

Hano wollte gerade darauf antworten, als es laut donnerte. Alle hoben sie die Köpfe und schauten zum Himmel.

Hano fing sich als erster. Aus dem Himmel können nur die Geister sprechen. Mit diesem Wort Kuru Kiri habe ich bewiesen, daß ich ganz zu ihrem Stamm gehöre und mit ihren Geistern in Verbindung stehe. Nun habe ich das Sagen.

Wieder hob er beide Arme und rief laut: «Kuru Kiri, du hast gesprochen, und alle hier haben es gehört. Ich habe deine Sprache verstanden. Kuru Kiri hat verkündet, ich soll der neue Medizinmann sein.»

In der Menge entstand Bewegung. Einige fingen an, mit dem Kopf zu nicken, als auch schon die erste Stimme laut wurde. Meto war es, der rief: «Ja, Hano soll unser Anführer werden! Er hat uns heute mit der Hilfe der Geister und der Wölfe gute Beute geliefert, an die keiner gedacht hat. Die Geister haben ihn zu dem Ort geführt, an dem Eus erschlagen wurde. Sie sind auf seiner Seite.»

Hano atmete auf. Das ist geschafft.

Viele Jäger umringten Hano und zeigten ihm ihre Anerkennung.

«Laßt das Feuer niederbrennen», rief Hano, «der Wind wird die Asche verwehen.»

Langsam und mit aller zur Verfügung stehenden Würde schritt er durch die Menge, die ihm bereitwillig Platz machte. Ein weiterer Donner rollte über den Himmel und zugleich setzte heftiger Schneeregen ein. Die Menge flüchtete schleunigst in die Hütten. Zischend wurde die letzte Glut des Feuers gelöscht.

Hano blickte um sich. Da stand Usi neben ihm. «Komm schnell mit», und sie faßte ihn bei der Hand und rannte auf ihre Hütte zu.

Hano schüttelte sich, als er wieder im Trockenen war. Usi kam auf ihn zu, in der rechten Hand hielt sie die drei Pfeile mit den gelben

Linien. Diese hob sie vor sein Gesicht und sagte: «Du erinnerst dich noch, was ich einmal zu dir sagte? Solange ich diese Pfeile sehe, solange werde ich hassen.» Mit diesen Worten brach sie alle drei Pfeile entzwei und warf sie in die Glut des Herdes.

Hano nahm Usi fest bei der Hand. Sie sah ihn mit leuchtenden Augen an. «Ich habe so lange auf dich gewartet.»

Hano fühlte, er war am Ende seiner langen Wanderung. Jetzt erst kann ich Wurzeln schlagen im Tal der schwarzen Wölfe.

Kleines Lexikon wichtiger Sachbegriffe

Was unterscheidet den Menschen vom Tier? Diese Frage muß gestellt werden, wenn wir uns der Frühzeit des menschlichen Geschlechts zuwenden wollen. Die Biologen sehen den Menschen *(«Homo sapiens sapiens»)* als Krone aller tierischen Lebewesen, weil durch die Forschung gesichert ist, daß vor etwa 6 Millionen Jahren sich die menschliche Rasse aus den *Primaten* (Menschenaffen) herausgebildet hat. Die Evolutionsschritte brauchten zu Anfang Millionen Jahre! Über mehrere Zwischenstufen (Menschenaffen oder Affenmenschen wie der Dryopithecus oder der Ramapithecus) hat unser erster eigentlicher Vorfahr, der *Australopithecus* aufrechten Ganges, die ersten Schritte der Menschheitsentwicklung getan. Ihm folgte der *Homo habilis* (der geschickte Mensch), diesem schließlich der *Homo erectus* (der aufgerichtete Mensch), zu dem auch vor 100 000 Jahren die Art der «Neandertaler» gehörte. Welche endlich von unserer Art abgelöst wurde, dem *Homo sapiens* (der verständige Mensch, jetztzeitlicher Menschentyp). Dessen erster Vertreter, der «Cro-Magnon-Mensch», besiedelte vor etwa 35 000 Jahren, aus dem afroasiatischen Raum kommend, Europa.

Was hat sich in diesen unvorstellbaren Millionen Jahren der Mensch angeeignet, das ihn eindeutig vom Tier unterscheidet? Der Mensch hat *das Denken* gelernt. Unsere frühesten Vorfahren haben sich aus dem, was sie in der Natur vorfanden, *Werkzeuge* gemacht, Instrumente zur Veränderung und Bearbeitung der Umwelt. Heute sind wir damit so weit gekommen, daß in Fabriken Maschinen andere Maschinen herstellen können. Der Werkzeuggebrauch, der es ermöglicht, selbständig und aktiv in die Natur einzugreifen, hat vielfältigere Lebensbedingungen geschaffen, die unsere geistigen Fähigkeiten wiederum erweitert und angespornt haben.

Zum gemeinsamen Zusammenleben und zur sozialen Verständigung – über technische Fertigkeiten, über Gefühle und über individuelle Vorstellungen – mußte *die Sprache* entstehen, womit wir beim dritten Unterscheidungsmerkmal sind. Es ist der wissenschaftliche Nachweis denkbar, zu welchem frühestmöglichen Zeitpunkt (natürlich nach Millionen Jahren gerechnet) das erste Mal ein Stein oder Knochen bewußt zum Werkzeug umgearbeitet worden ist – aber die Forschung ist nicht in der Lage, einen Zeitpunkt für die Herausbildung des Sprechens anzugeben. Dieser sowieso fließende Entwicklungsprozeß ist nur indirekt erschließbar aus Form und Konstellation der menschlichen Kieferknochen, deren Bauart ein artikuliertes Sprechen ermöglicht.

Mit der Sprache verbunden ist *die Intelligenz* oder, optimistischer gesagt, die Vernunft. Intelligenz ist die Fähigkeit, in einer gegebenen Situation frei über das Handeln zu entscheiden und zur Problemlösung nicht auf genetisch vorgegebenes Instinktverhalten angewiesen zu sein. Das schließt auch mit ein, daß Entscheidungen getroffen werden aufgrund von Überlegungen, die eine Voraussicht kommender Ereignisse oder zukünftige Folgen der Entscheidung miteinbeziehen, also abstrakte Beziehungen herstellen. Diese Fähigkeit, aus eigener freier Erwägung heraus und nicht allein als Reaktion auf unmittelbar vorgegebene Umstände zu entscheiden, hat uns einerseits die schönsten Liebesgedichte und philosophischen Werke beschert. Andererseits mit den Atomwaffen die noch nie dagewesene Möglichkeit in die Hand gegeben (Knopfdruck genügt), unsere gesamte Existenzgrundlage und damit das Menschengeschlecht zu vernichten. Als weitere Unterscheidungsmerkmale zum Tier haben sich aus der menschlichen Lebensweise *Religion* und *Kunst* gebildet, Beschäftigungen, die über die konkrete und notwendige Alltagsbewältigung hinausreichen.

Bis dorthin, wo wir durch schriftliche Aufzeichnungen geschichtliche Ereignisse und Äußerungen einer Kultur eindeutig zeitlich festlegen können, gelingt ein geordneter Überblick über unsere Vergangenheit. Besonders spannend wird es in der *Vorgeschichte* (der Prähistorie), aus der nur wenige Bruchstücke aus beständigem Material vorhanden sind, die es uns schwermachen, einzelne Geschehnisse festzulegen. Aus der Prähistorie können wir nur anhand von Knochenresten (von Tier und Mensch), erhaltengebliebenen Werkzeugen und Schmuck, wenigen Spuren in Erde und Gestein sowie aus Höhlenmalereien mit viel Phantasie versuchen, uns das Leben unserer Vorfahren vorzustellen.

«Im Tal der schwarzen Wölfe» spielt noch zu einer Zeit, in der es so gut wie keine exakt beweisbaren geschichtlichen Ereignisse gibt. Es kann kein historisch gesicherter Geschehnisablauf geschildert werden, wie das etwa für das antike Griechenland möglich ist. Unsere bewußt nacherlebbare Geschichte umfaßt einen Zeitraum von etwa 10000 Jahren. Allein die letzte Eiszeit aber erstreckte sich über mehr als 60000 Jahre.

Um eine dichte und spannende Geschichte aus der Prähistorie zu bekommen, müssen Ereignisse aus 20000 Jahren auf eine *überschaubare Zeitspanne* zusammengedrängt werden. Im vorliegenden Buch sind Entwicklungen des Zeitraums von etwa 35000 bis etwa 15000 v. Chr. auf einen Jahresablauf zusammengedrängt. Die handelnden Personen sind sozusagen lebendige Zeitraffer, die uns aus dem Zeitraum berichten, der in der Wissenschaft als die *Jüngere Altsteinzeit* bezeichnet wird.

Während der Würmeiszeit ist in Europa *der Neandertaler* verschwunden, der dem heutigen Menschen im Aussehen gleichende *Cro-Magnon-Mensch* hat unsere Entwicklung weitergetrieben. Auf welche Weise die Neandertaler verschwunden sind, läßt sich heute nicht feststellen (es gibt zumindest keine Beweise, daß sie bewußt ausgerottet worden sind). Es soll in unserer Geschichte nur eine mögliche Schilderung gegeben werden, was passiert sein könnte in diesem Abschnitt der Steinzeit, in der der Cro-Magnon-Mensch und der Neandertaler gemeinsam Europa bevölkerten. Erwiesen ist, daß seit vielen Jahrtausenden die Beherrschung des Feuers, die Entwicklung verschiedener Waffen (Pfeil und Bogen als jüngste Errungenschaft) und der Gebrauch der Sprache verbreitet waren. Eine *Jäger- und Sammler-Kultur* ist die bislang erreichte höchste Kulturstufe. Nach der letzten Eiszeit – ab etwa 10000 v. Chr. also – wird die Weiterentwicklung zur Ackerbau-Kultur erfolgen, die schließlich in die Bronzezeit mündet. Die Spanne neuer Entwicklungen, Errungenschaften, Entdeckungen und Erfindungen in diesem Buch reicht also vom angenommenen Verschwinden des Neandertalers (um 35000 v. Chr.) bis zu ersten Anzeichen der Zähmung von Haustieren (um 15000 v. Chr.).

Wir müssen einen für uns völlig fremdartigen Alltag dieser Menschen annehmen. Außer den auf wissenschaftlichen Fundergebnissen basierenden Voraussetzungen (Tierwelt, Klima, Aussehen, Waffen, Kleidung) werden auch anzunehmende Gegebenheiten wie Sprachentwicklung, Stammeshierarchie, Kultformen und Sozialverhalten zur Verlebendigung der Erzählung verwendet. Anklänge an die Lebensformen der letzten urtümlich lebenden Völker wie Indianer und Buschmänner sind als Anhaltspunkte beinahe zwingend. Da es im heutigen deutschen Sprachraum in der letzten Eiszeit fast nur Gletscher und unwirtliche Tundren gegeben hat, kann als möglicher *Ort des Geschehens* eine etwas mildere Gegend in *Südfrankreich* angenommen werden, dem geographischen Ort, wo es auch die meisten Funde aus unserer Vorgeschichte gibt (zumindest in den berühmten Steinzeithöhlen).

Neandertaler

Der Neandertaler gehört noch zur Gattung Homo erectus; er stellt die letzte Entwicklungsstufe vor dem Homo sapiens dar. Er ist in typischer Gestalt nur in Westeuropa nachgewiesen. Er ist bekannt nach den ersten, 1856 im Neandertal bei Düsseldorf aufgefundenen Knochen. Geeignete Fundstätten für prähistorische Zeugnisse sind außer Höhlen vor allem Flußtäler, in deren Hängen durch die Eintiefung des Wasserlaufs die Bodenschichten wieder zugänglich werden, die in jener Zeitepoche die Erdoberfläche gebildet haben. Neandertaler hatten eine durchschnittliche Größe um 1,67 Meter, doch ihr Gehirnvolumen war größer als das der heutigen Menschen. Ihr Aussehen erinnert noch ein wenig an den Affen, insbesondere durch die vorspringenden Augenwülste, den nicht so sehr gewölbten Hirnschädel und die starken Backenknochen. Der Neandertaler war sicher stärker als der heutige Mensch, mit kräftigeren Knochen und festeren Muskeln. Seine Kleidung bestand aus Fellen von Hirsch, Ren und Büffel, die in den kältesten Zeiten sicher in doppelten Schichten getragen wurden. Bereits der Neandertaler hat seine Toten in Gräbern mit Ocker und Blumen beerdigt. Ein krasser Unterschied im Aussehen zwischen Neandertalern und Cro-Magnon-Menschen kann nach heutiger Auffassung nicht mehr angenommen werden, denn auf dem Berg Karmel in Israel sind den Neandertalern zuzurechnende Menschenreste gefunden worden, die dort um 40000 v. Chr. gelebt haben und sich in der Gestalt nicht mehr sonderlich abheben vom jetztzeitlichen Menschentyp.

Cro-Magnon-Mensch

Der Cro-Magnon-Mensch, der erste Vertreter des Typs Homo sapiens, hat seinen Namen von der ersten Fundstätte in der Landschaft Dordogne im südlichen Frankreich, einer seit Urzeiten besiedelten Gegend. Dort wurden 1868 die ersten Knochen dieses Menschentypus in einem Felsunterschlupf mit dem Namen Cro-Magnon gefunden. Der Cro-Magnon-Mensch hat unsere Kulturentwicklung entscheidend weitergetrieben. Sein Aussehen unterscheidet sich kaum mehr von dem des heutigen Menschen, außer daß er sicher noch etwas kräftigere Muskeln hatte. Bei den eiszeitlichen Temperaturen ist aber auch anzunehmen, daß die Haut kälteunempfindlicher war, womöglich durch eine dickere Fettschicht besseren Schutz bot.

Seine Art ist als erste künstlerisch hervorgetreten, was etwa in den berühmten Höhlenmalereien von Altamira, Lascaux und Rouffignac zu sehen ist. Kleine, bereits sehr sorgfältig ausgearbeitete Statuetten wie die berühmte «Venus von Willendorf» zeigen Frauen mit riesigen Brüsten und enormem Gesäß. Es könnte sein, daß für den Cro-Magnon-Mann die begehrenswerteste Frau diejenige war, die besonders üppige Fettpolster hatte, weil sie Überlebensfähigkeit und Nährkraft für die Nachkommen symbolisierte.

Bevölkerungsdichte

Die Eiszeit bewirkte nicht, daß die menschliche Bevölkerung abnahm. Um 20000 v. Chr. müssen in Europa zwar nur 10000 Menschen gelebt haben, doch es ist errechnet worden, daß sich während der mehr als 60000 Jahre Würmeiszeit die Weltbevölkerung von 1 Million auf 3 Millionen verdreifacht hat. Dennoch, für heutige Maßstäbe handelte es sich um eine äußerst geringe Bevölkerungsdichte.

Eiszeit

Die Würm-Eiszeit, die letzte und wohl längste der vier großen Eiszeiten der Erdgeschichte, dauerte etwa von 75000 bis 10000 v. Chr. Im Verlauf von mehr als 20000 Jahren sanken stetig die Temperaturen, was zur Folge hatte, daß immer mehr Schnee liegen blieb, immer größere Gebiete Dauerfrostboden hatten und die Gletscher sich immer weiter ausdehnten. Die ganze nördliche Erdhälfte sah so aus wie heute der Norden Finnlands: eine fast baumlose Tundra auf einem dauernd gefrorenen Untergrund. Skandinavien und das Alpengebiet waren eisbedeckt. In Nordspanien und Südwestfrankreich weideten riesige Rentierherden in baum- und strauchbestandenen Ebenen. Im Verlauf der rund 60000 Jahre hat es nur kleinere Temperaturschwankungen gegeben, die doch für ein paar tausend Jahre die Zonen bewohnbaren Landes erweitert haben. Während der ganzen Eiszeit ist der Raum nördlich der Alpen besiedelt gewesen. Aus Bodenuntersuchungen läßt sich beweisen, daß in den ersten etwa 30000 Jahren der Eiszeit das Klima am unwirtlichsten war, nämlich niederschlagsreich, neblig und feuchtkalt. Ab etwa 40000 v. Chr. dürfte es für die Menschen etwas besser geworden sein, da es weniger Niederschläge gab, daher mehr «warme» Sommertage mit klarem Himmel, aber auch stärkere Winterfröste. Trokkene Kälte ist aber leichter auszuhalten.

Landschaftsform

In den unvorstellbar großen Eismassen ist sehr viel Wasser gebunden gewesen, was zwangsläufig die Meere kleiner werden ließ. Der Meeresspiegel lag rund 100 Meter tiefer als heute. Dadurch entstand zum Beispiel eine Landbrücke von Sibirien nach Alaska. Der Verlauf der Küstenlinie in Europa war ganz anders als heutzutage. Das Landschaftsprofil mit Bergen und Tälern hingegen hat sich bis in unsere Zeit nicht mehr radikal verändert. Die Vegetation in Mitteleuropa war aufgrund der Temperaturen waldärmer.

Temperaturen

Die heutige durchschnittliche Jahrestemperatur in Mitteleuropa beträgt 8° (Mittelwert aus Sommer- und Winter sowie Tages- und Nachtwerten). Während der Würm-Eiszeit lag sie zwischen 0° und −4°. Die höchsten Tagestemperaturen im Sommer lagen damals bei 15 Grad.

Gemeinschaftsleben

Hierüber lassen sich am wenigsten stichhaltige Aussagen machen, denn die Formen des täglichen Zusammenlebens, die Art, wie die Menschen miteinander umgingen, hinterlassen so gut wie keine Spuren, die wir nach 40000 Jahren noch untersuchen können. Nur Rückschlüsse sind möglich. In der Steinzeit ist religiöses wie künstlerisches Leben nachgewiesen. Damit läßt sich von einer Kultur sprechen. Das Gemeinschaftsleben hat sich von der «Urhorde» weiterentwickelt zu größeren Stammesverbänden, wohl in einzelne «Clans» oder Großfamilien aufgeteilt. Die Jagd förderte die Gemeinschaftsbildung, die eine Arbeitsteilung nach sich zog. Auch ein gewisses Handelsleben, also Güteraustausch zwischen verschiedenen Stämmen, ist nachweisbar. Wie das Familienleben war, was es für Kinderspiele gab, welche Erziehungsformen, welche Altersversorgung, welche Feste, das können wir nicht mehr herausfinden. Von den in der ganzen Welt gefundenen Kulturüberresten aus der mittleren und jüngeren Altsteinzeit ist aber abzulesen, daß nirgendwo gravierende regionale Entwicklungsvorsprünge existierten, es also keine Gegenden gab, wo die Kulturstufen wesentlich höher entwikkelt waren als anderswo. Das Stammesleben hat sich wohl überall ähnlich abgespielt.

Die Menschen waren noch nicht vollständig seßhaft, denn ihr Überleben hing vom jagdbaren Wild ab, also wohnten sie dort, wo die Herden zu finden waren, die ausreichende Versorgung gewährleisteten. Die Jagd oblag den gesunden Männern, die Frauen mußten Kinder und Kranke betreuen sowie Herd und Haushalt besorgen. Sie haben wohl auch pflanzliche Nahrung gesammelt wie Pilze, Beeren (der Tundravegetation entsprechend wohl am meisten die Krähenbeere) und Kräuter. Gräberfunde zeigen, daß es bereits so etwas wie ein eheliches Zusammenleben gegeben haben muß. Wegen der Bedeutung der Jagd dürften die Männer im Stamm in der Überzahl gewesen sein. Sie haben auch mindestens ebensoviel Schmuck wie die Frauen getragen.

Jagdformen

Das gesamte Stammesleben kreiste um die Jagd. Gejagt werden konnte einzeln oder im Verband. Ein Einzeljäger mußte sich gut anpirschen und seine Beute sehr sicher treffen, weil er sonst dazu verurteilt war, einem nur verletzten Tier über sehr lange Strecken zu folgen. Europa war während der Steinzeit extrem wildreich, dennoch ist die Aussage nicht unbedingt richtig, fast ausschließlich Fleisch habe als Nahrung gedient, da Reste pflanzlicher Nahrung sich nicht über Jahrtausende erhalten können wie Tierknochen. Die größeren Herden von Rentieren, Wildpferden, Elchen, Rothirschen und Wildschweinen waren am besten in der Horde zu jagen in der Form einer Treibjagd mit Treibern und Schützen. Auch an die ganz großen Tiere wie Wisent, Ur oder die im Lauf der Eiszeit ausgestorbenen Wollnashörner oder Mammuts haben sich die Steinzeitjäger herangewagt. An geeigneten Stellen – etwa bei Einsturztrichtern und Spalten – wurden auch Fallgruben angelegt, auf die die Herden zugetrieben wurden. Schließlich wird noch vermutet, daß auch durch gezieltes Abbrennen bestimmter Flächen Tiere vor die Jagdwaffen gehetzt wurden. Außer dem Großwild, der abenteuerlichsten Jagdbeute, sind sicher auch Vögel (Schneehuhn, Birkhuhn, Wachtel), Fische (Lachs, Hecht, Aal, Forelle) und kleine Säugetiere verzehrt worden. «Konkurrenten» bei der Jagd und Feinde des Steinzeitmenschen waren Bär, Wolf und Luchs.

Waffen

Für die Jagd war der Speer die wichtigste und lange Zeit vorherrschende Waffe. Waren es zuerst nur Holzstecken mit feuergehärteten Spitzen, so gab es später Speere mit Spitzen aus Stein, Elfenbein oder Knochen, die schärfer waren. Das erforderte Kenntnisse in der Befestigung des Steins im Pfahl, etwa die Verwendung von Pflanzenfasern als Stricke oder von Baumharz als Klebstoff. Erst etwa ab 15 000 v. Chr. sind Pfeil und Bogen erfunden worden. Das Bogenholz mußte fest und verwindungsfähig sein, deswegen wurde dafür Esche oder Eibe genommen. Tiersehnen dienten zum Spannen des Bogens. Diese neue Waffe brachte so etwas wie eine Revolution ins Jagdwesen, denn die Jäger mußten sich nicht mehr so nahe anschleichen. Allerdings hat diese weithin treffende Waffe wohl auch den ersten heimtückischen Mord ermöglicht, bei dem der Mörder unsichtbar und unerkannt bleiben konnte! Als weitere Jagdwaffen gab es noch die Speerschleuder, die den Speer weiter beförderte als mit dem Schwung des Arms. Ferner eine Art Bola (heute noch in Argentinien in Gebrauch), zwei durch Fasern verbundene Steinkugeln, die den Tieren zwischen die Beine geschleudert wurden, um sie zu Fall zu bringen.

Werkzeuge

Die ältesten vom Menschen geschaffenen Werkzeuge waren aus Stein und aus Knochen. Steine mit scharfen Kanten dienten als Schneide- und Hauwerkzeuge und ermöglichten die erste planmäßige Arbeit. Es sind die ersten Werkzeuge, die nicht eine einfache

Verlängerung eines Körperteils sind (wie etwa ein Stecken). Gleichzeitig sind die sogenannten «Faustkeile» oder Zweiseiter auch schon die ersten Werkzeuge, womit sich weiteres Werkzeug herstellen läßt. Der Faustkeil wird aus einem größeren, harten Steinblock (aus Flint oder Obsidian) mit einem anderen Stein, einem spitzen Stock oder einem Knochen abgesplittert. So können aus einem Stein mehrere Werkzeuge geformt werden, später auch für verschiedene Zwecke wie Messer, Beilspitze, Schaber und Bohrer. Anhand der Verfeinerung der Abschlagtechnik werden verschiedene Abschnitte der Kulturentwicklung der Menschheit gekennzeichnet. Es gibt Kern- und Abschlagwerkzeuge. Beim Kernwerkzeug wird solange abgesplittert, bis der Kern die für das Instrument nötige Form hat. Bei der anderen Technik werden gleich die geeigneten Absplitterungen verwendet. Der Neandertaler im Zeitalter des Moustérien (50000 v. Chr.) konnte aus einem Stein Schneidekanten splittern, die aneinandergelegt die Länge von einem Meter erreichten. Der Zeitgenosse des Magdalénien (10000 v. Chr.) war bereits so geschickt, daß er aus einem Stein derselben Größe Schneidekanten von insgesamt 12 Meter Länge machen konnte. In dieser Zeitepoche ist auch die Nähnadel erfunden worden. Durch zusammengenähte und aufgehängte Lederfelle als eine Art Beutel, in dem Wasser mit glühenden Steinen erhitzt wurde, war es nun auch möglich, das Fleisch erstmals nicht nur zu braten, sondern zu garen oder sogar zu kochen.

Wohnen

Zu Anfang der Steinzeit dürften jeweils wohl kaum mehr als 100 Personen auf einem Fleck zusammengewohnt haben. Die Verbesserung der Jagdmethoden ermöglichte es nach und nach, daß größere Verbände zusammenleben konnten. Die Eingänge zu Höhlen reichten dann für das Zusammenleben nicht mehr aus, es wurden dort Wohnplätze geschaffen, wo jagdbares Wild in der Nähe war. Über ausgehobene Vertiefungen an gegen Wind und Witterung geschützten Stellen wurden Äste oder größere Geweihe in den Boden gesteckt und mit Schilf oder Blättern bedeckt. Durch diese Urform von Zelt und Haus hat es sicherlich noch sehr gezogen! In späteren Zeiten wurde das Gerüst dann mit Fellen abgedeckt. Verfeinerte Baumethoden ließen größere Wohnzelte mit Raumaufteilungen zu: Wohn- und Arbeitsbereich, Koch- und Schlafstelle. Sicher sind die festeren Behausungen geschmückt gewesen mit Bemalungen und Jagdtrophäen, denn nicht überall haben die Steinzeitmenschen als Nomaden gelebt. In Südfrankreich muß es erste ganzjährig bewohnte Dörfer gegeben haben. An diesen Fundstellen wurden nämlich Rentierkiefer und -zähne aller Altersstufen gefunden, also wurde sowohl in den Jahreszeiten, in denen es zartes Jungtierfleisch gab, wie auch in solchen, in denen es keinen Nachwuchs gab, dort gespeist.

Die großen Höhlen waren sicher nicht die üblichen Wohnorte, da die Beleuchtung und die dazugehörige Rauchentwicklung Unannehmlichkeiten verursachten. Die ersten Lampen – Hohlkörper, in denen langsam Fett oder Öl verbrannt wurde – sind recht spät erfunden worden und haben sicher nicht genügend Licht für den täglichen Aufenthalt einer Großfamilie gespendet. Die oft in den schwer zugänglichen hintersten Ecken der Steinzeithöhlen gefundenen Malereien zeigen eindeutig, daß es sich in erster Linie um kultische Räume handelte.

Haustierzähmung

Als frühester Beweis für die Zähmung eines Tieres zum «Haustier» betrachtet man die Zeichnung im Siebengebirge bei Bonn aus der Zeit von etwa 12 000 v. Chr., die einen Hund darstellt. Aus dem Knochenbau und der besonderen Abschleifung von Zähnen bei früher datierten Funden lassen sich freilich Hinweise auf noch frühere Ansätze der Domestizierung gewinnen. Es müssen sich wohl das Rentier und der Hund (ehemals Wolf) darum «streiten», wer das erste vom Mensch gezähmte Tier ist. Damit stellt sich auch die Frage nach den Gründen für die «Nutzbarmachung» von Tieren. Die Hege und Pflege von Tieren als ständigem Nahrungsmittelvorrat steht beim

Ren im Vordergrund. Aus dem unablässigen Verfolgen der Herden hat sich wohl allmählich eine gewisse menschliche Beeinflussung der tierischen Wanderwege herausgebildet, eine Herdenhaltung ohne Umzäunung. Die Erkenntnis, daß Tiere als Jagdgehilfen verwendet werden können, weist auf den Wolf, der zum Hund gezähmt wird. Auf diese Möglichkeit wird in unserer Erzählung hingewiesen.

Malerei

Die erstaunlichsten Zeugnisse aus der Steinzeit sind die vielen Höhlenmalereien, die in der ganzen Welt gefunden worden sind. Gehäuft sind diese ersten menschlichen Kunstäußerungen in Frankreich und Spanien im Gebiet nördlich und südlich der Pyrenäen zu finden. Die Entdecker dieser Hinterlassenschaften der Cro-Magnon-Menschen sind in mehreren Fällen Kinder gewesen, die dank ihres kleinen Wuchses in enge Höhlenöffnungen kriechen konnten. An oft sehr unzugänglichen Stellen sind fast ausschließlich jagdbare Tiere dargestellt, kaum Menschen oder Raubtiere. Daher ist es sehr wahrscheinlich, daß diese Wandmalereien einem Jagdzauber dienten. In Wasser, Fett oder Pflanzensäften gelöste Erdfarben wie Eisenocker oder Manganerde wurden entweder mit den Fingern aufgetragen, durch den Mund oder später durch ein Röhrchen an die Wand geblasen.

Kleinplastik

Zur selben Zeit, da die Höhlenmalereien entstanden sind, haben die Steinzeitmenschen auch schon Lehm modelliert und aus Stein, Muscheln, Knochen oder Elfenbein Schmuckstücke gefertigt, die sowohl gegenständliche wie abstrakte Formen hatten. Kleine Statuetten zeigen zumeist Frauengestalten. Öfter sind auf Knochenteilen abstrakte Bändermuster und verschiedene Tiere (Schlangen, Bären, Rentiere) eingeritzt. Es darf angenommen werden, daß die meisten dieser künstlerisch gestalteten Objekte auch kultische Bedeutung hatten und nicht nur einfach zur Zierde da waren.

Bestattung

Die Gräberfunde lassen eindeutig darauf schließen, daß bei den vorgeschichtlichen Menschen schon ein Denken, das über das biologische Leben hinausging, existierte. Die Gedanken an eine Daseinsform nach dem Tode können voll Furcht (Fesselung von Leichen, damit sie nicht ins Leben zurückkehren) oder voll Hoffnung gewesen sein (Bestattung mit Blick zur aufgehenden Sonne). Wenn wir Religion als Bewußtsein einer den Menschen selbst übersteigenden Macht bezeichnen, so hatte der Mensch der Steinzeit religiöses Empfinden. Die Gegebenheiten dazu waren bei den Frühzeitmenschen auch viel offensichtlicher als bei uns, da diese in unvergleichlich stärkerem Maße den Naturgewalten – Wetter, Jahreszeiten, Tieren – ausgeliefert waren. Die Grablegung muß in diesen Zeiten wohl noch eine Ausnahme gewesen sein, da bei den geschätzten 100 Millionen Neandertalern, die insgesamt gelebt haben, eine Ausbeute von bisher 50 Knochenfunden in Gräbern ein Mißverhältnis darstellt. Daneben muß es noch die Feuerbestattung oder die Aufbahrung im Freien (auf Gerüsten, in Bäumen) gegeben haben. Die Bestatteten sind meistens in Fötusstellung, also zusammengekrümmt wie im Mutterleib, in flachen Mulden (weniger Arbeit beim Ausheben des Grabes) aufgefunden worden, oft in Ost-West-Richtung (Bezug zum Sonnenkreislauf) und an der Feuerstelle (Wärme für den kalten Leib) liegend. Es sind dazu Grabbeigaben gefunden worden, die auf einen besonderen Beerdigungsritus schließen lassen. Die Leichen sind mit rötlichem Ocker bestreut oder darin gebettet worden (Rot als Farbe des Blutes, das heißt des Lebens?). Manche Gräber sind mit Steinplatten zugedeckt worden (vielleicht auch nur als Schutz vor Raubtieren). Den Toten wurden zudem Schmuck, Waffen, Blumen und bisweilen Tierknochen ins Grab gelegt.

Kulte

Die verschiedenen Beigaben in den Gräbern sind Beweise für kultisches Verhalten. Neben dem Totenkult hat es auch einen Tierkult gegeben, wofür die vielen Höhlenmalereien Zeugnis ablegen. Bei der damals herrschenden Versorgungslage (Jagdkultur) ist es verständlich, daß zu den Tieren ein kultischer Bezug hergestellt wurde. Das während der Eiszeit häufigste Tier, das Ren, ist im Verhältnis sehr wenig gemalt. Es mußten wohl nur seltenere und besondere Tiere (Büffel, Mammut) im Jagdzauber gebannt werden. Besondere Beweise gibt es für eine Verehrung oder Beziehung zum Bären, denn er ist das einzige häufig dargestellte Raubtier. Im Drachenloch, einer Hochgebirgshöhle in den Schweizer Alpen, sind mehrere sorgfältig aufeinandergeschichtete Bärenschädel gefunden worden, die alle zum Eingang schauten.

Magie

Die Religionsform(en) der Steinzeit haben mit Sicherheit noch nicht die Stufe eines eigentlichen Gottesglaubens erreicht, wohl aber die der magischen Beschwörung übersinnlicher Mächte. Beerdigungsriten und Jagdzauber sind uns mehr oder weniger dokumentarisch überliefert. Tier- und Naturgeister sind auf nicht mehr festzustellende Weise verehrt worden. Eine Ahnung dieser Art von Magie können uns die Gebräuche der letzten überlebenden Jagdvölker in Australien und Afrika geben. Es darf eine Art von Animalismus angenommen werden, eine Religionsform, die Tiergeistern bestimmte Mächte zuschrieb (Schutzgeist oder Totemtier, das Tier als Sinnbild für Bereiche außerhalb der faßbaren Welt). Da der allgemein harte Lebenskampf meist die materiellen Notwendigkeiten – Nahrungsbeschaffung, Kleidung, Unterkunft – in den Vordergrund drängte, ist es bei dieser Analogie wahrscheinlich, daß ein einzelner Mensch mit besonderen Fähigkeiten im Stamm die Aufgabe hatte, mit den Geistern in Kontakt zu bleiben. Er mußte sie dann in wichtigen Angelegenheiten «befragen», war also ein Schamane oder Medizinmann mit besonderen Machtbefugnissen und einem speziellen «Wappentier» oder Totem (wie beispielsweise die Eule). Dies ist deshalb wahrscheinlich, weil in den Höhlenmalereien öfters Menschen als Tiere verkleidet auftauchen.

Opfer

Zu einem religiösen Kult gehört in der Frühzeit zuallerest das Opfer, das die jenseitsgerichtete Form des Geschenks darstellt. Den Toten sind wohl geopferte Tiere ins Grab gelegt worden. Auch sonst weisen an besonderen Plätzen aufgefundene abgetrennte Tierschädel auf Opferungen hin. Aus der Zeit um etwa 15000 v. Chr. gibt es einen recht merkwürdigen Fund von einigen in flachem Gewässer versenkten, ausgeweideten Rentieren mit Steinen im Bauch. Das kann auf eine Opferungszeremonie hindeuten oder auch nur, dem kühlen Klima entsprechend, eine Art Kühllagerung von Frischfleisch gewesen sein. Verschiedene einzeln bestattete Schädel mit Spuren von Gewaltanwendung weisen auch auf Menschenopfer hin. Eine künstliche Vergrößerung des Hinterhauptlochs zeigt, daß den Getöteten das Hirn entnommen wurde, wohl für eine rituelle Verspeisung. Es gibt heute bei Eingeborenen noch den Glauben, daß durch das Verspeisen des Gehirns Macht, Kraft und Wissen des Toten einverleibt werden können.

Zeiteinteilung

Die im Buch behandelte Epoche erstreckt sich über die Jüngere Altsteinzeit (Jungpaläolithikum), von 35000 bis 15000 v. Chr. Diese Epoche war für die Menschheitsgeschichte eine Phase der ersten einschneidenden Veränderungen und Kulturverbesserungen vor der Erfindung des Ackerbaus, sie markiert also einen besonderen Kultureinschnitt. Es ist auch die Zeit von der Mitte bis zum Ende der Würm-Eiszeit. Diese Umbruchepoche umfaßt nur knapp 5 % der gesamten Altsteinzeit. Doch ab dem Jungpaläolithikum lassen sich anhand der Machart der gefundenen Steinwerkzeuge einzelne Kulturstufen feststellen. Die Bedingungen der Eiszeit haben keineswegs die Kulturentwicklung aufgehalten, sie müssen wohl eher ein Ansporn gewesen sein, denn nach dem Ende der kalten Jahrtausende, um 10 000 v. Chr., hat es einige tausend Jahre eher einen kulturellen Rückgang und keine neue Blüte gegeben.

Die einzelnen Kulturstufen können keine genau abgegrenzten Zeitabschnitte bezeichnen, da sie sich teilweise überschneiden und regional verschiedene Bezeichnungen bekommen haben:

Zeit	*Kulturstufe*	*Errungenschaften*	*Vorherrschender Menschentypus*
– 40 000	Moustérien	Feuerherstellung	Neandertaler
– 25 000	Aurignacien	Kunst, Höhlenmalerei	Cro-Magnon
– 20 000	Gravettien	Pfeil und Bogen	Cro-Magnon
– 15 000	Solutréen	Harpune (Widerhaken)	Cro-Magnon
– 10 000	Magdalénien	Nähnadel	Cro-Magnon

Weiterführende Literatur

J. Büdel: Die Gliederung der Würmkaltzeit (Würzburger Geographische Arbeiten, Heft 8), Selbstverlag des Geographischen Instituts der Universität Würzburg, Würzburg 1960. – *G. Constable:* Die Neandertaler, 1973. – *Y. Coppens:* Die Wurzeln des Menschen, Stuttgart 1985. – *F. C. Howell:* Der Mensch der Vorzeit, 1969. – *R. E. Leakey:* Die Suche nach dem Menschen, Frankfurt 1981. – *H. Müller-Karpe:* Geschichte der Steinzeit, München 1976. – *L. R. Nougier:* Die Welt der Höhlenmenschen, Zürich 1989. – *Saeculum Weltgeschichte,* Band I: Ursprung und Frühkulturen, Freiburg 1965. – *W. Schneider:* Wir Neandertaler, Hamburg 1988.

Weitere Artemis-Jugendsachbücher

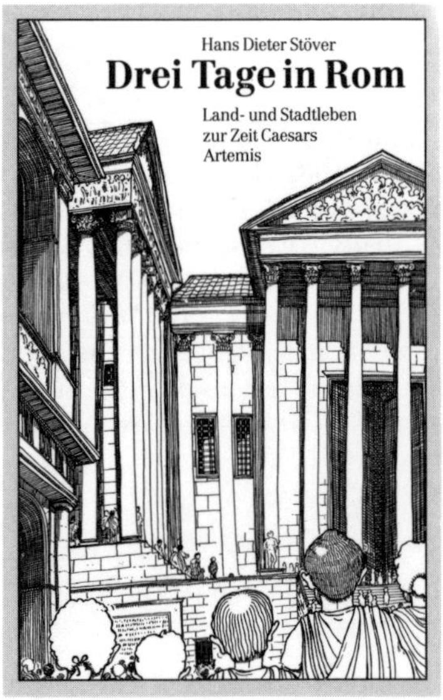

Große Themen unserer Kulturgeschichte
lebendig dargestellt und sachkundig
illustriert.
Mit den Artemis-Jugendsachbüchern wird
die Reise in die Vergangenheit
zum spannenden Abenteuer!

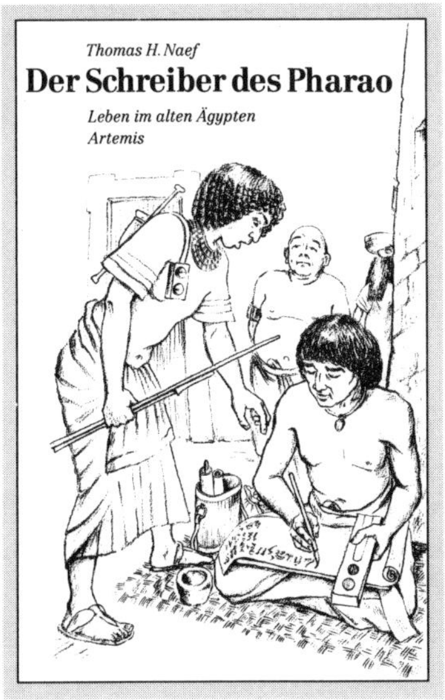
Thomas H. Naef
Der Schreiber des Pharao
Leben im alten Ägypten
Artemis

Claudia Brinker
Der Ritter von der Drachenburg
Burgleben im Mittelalter
Artemis

Hans Dieter Stöver
Große Gegner Roms
Hannibal · Mithridates
Spartacus · Vercingetorix · Arminius
Artemis